21世纪经济管理新形态教材·工商管理系列

管理咨询

李从东 ◎ 主编

清华大学出版社

北京

内 容 简 介

企业在发展中总是会遇到各种各样的管理问题,而"不识庐山真面目,只缘身在此山中"的局限,使其不得不导入来自企业外部的管理咨询专业机构对导致其困扰的管理问题进行诊断,进而协助企业解决问题。本教材以管理咨询师的视角,通过系统性地导入管理咨询的调查、分析、判断程序,帮助企业认识发展中可能遇到的各种矛盾及其运动规律,指导企业有效识别并系统解决其各种内生性和外生性管理瓶颈问题,在不同阶段分别采取"预防-预警-辨识-处置"的解决方案,实现预防、修正或升级等不同的咨询目标,使企业得以持续、健康发展。

本书封面贴有清华大学出版社防伪标签,无标签者不得销售。
版权所有,侵权必究。举报:010-62782989,beiqinquan@tup.tsinghua.edu.cn。

图书在版编目(CIP)数据

管理咨询/李从东主编. —北京:清华大学出版社,2021.3(2024.7 重印)
21世纪经济管理新形态教材. 工商管理系列
ISBN 978-7-302-56669-4

Ⅰ. ①管… Ⅱ. ①李… Ⅲ. ①企业管理–咨询–教材 Ⅳ. ①F272

中国版本图书馆 CIP 数据核字(2020)第 203636 号

责任编辑:杜　星
封面设计:汉风唐韵
责任校对:王荣静
责任印制:宋　林

出版发行:清华大学出版社
网　　址:https://www.tup.com.cn, https://www.wqxuetang.com
地　　址:北京清华大学学研大厦 A 座　　　邮　　编:100084
社 总 机:010-83470000　　　邮　　购:010-62786544
投稿与读者服务:010-62776969, c-service@tup.tsinghua.edu.cn
质 量 反 馈:010-62772015, zhiliang@tup.tsinghua.edu.cn
课 件 下 载:https://www.tup.com.cn, 010-83470332

印 装 者:三河市龙大印装有限公司
经　　销:全国新华书店
开　　本:185mm×260mm　　印　张:7　　字　数:139 千字
版　　次:2021 年 3 月第 1 版　　印　次:2024 年 7 月第 4 次印刷
定　　价:49.00 元

产品编号:086893-01

前言

我是天津大学工业管理工程专业的首届毕业生。20世纪80年代初,受到向子刚先生(时任天津大学工业管理工程系筹备组组长、中美文化交流项目国家经委中国工业科技管理大连培训中心中方教学主任、1947年美国宾夕法尼亚大学沃顿商学院研究生毕业)、王传勉先生(时任天津大学管理工程系工业管理工程教研室主任、中美文化交流项目国家经委中国工业科技管理大连培训中心中方教务长)、孙炳坤先生(时任天津大学首届工业管理工程专业本科班班主任)等老一辈管理教育家的深刻影响,对管理理论与管理实践的结合饶有兴趣。当年的向子刚先生年逾六旬,每周仍然坚持不懈地带着他在天津大学"文化大革命"后恢复高考招生以来的第一个本科班的学生到天津的各大企业参观学习。我在大一、大二时已经参观过的企业有几十家,例如天津手表厂、天津拖拉机厂、天津皮鞋厂、天津地毯二厂、天津自行车二厂、国棉一厂、天津钟表厂、天津港务局、天津轧钢厂、天津电视机厂等,这些参观使我对产业类别以及对企业的认识在量的积累中逐渐深化和升华。在王传勉先生和孙炳坤先生的亲自指导下,我利用暑假、寒假深入天津第二微电机厂、天津广播器材厂调研,写出了"天津第二微电机厂生产计划管理""天津广播器材厂目标成本管理"等案例调研材料,被教研室编印留存。作为低年级本科生,我有幸在1981年被指派整理应邀到天津大学讲学的诺贝尔经济学奖获奖者赫伯特·A.西蒙长达三天的学术报告录音。毕业实习时被分配到常州拖拉机厂总工程师办公室,协助总工程师办公室主任在技术口推进全面质量管理(TQC)的实施。

当年在天津大学接受的本科教育,培育了我对企业管理实践的浓厚兴趣以及对企业的亲切感。在此后很多年里,我时常抽出时间,应企业的要求进行调研、分析,与企业管理人员共同分析问题,寻求解决问题的路径和方案。先后为中外建发展股份有限公司、天津港股份有限公司、天津联合化学有限公司、天津天溶股份有限公司、杭州顶益国际食品有限公司、河南省教育厅、深圳华为技术有限公司、吉林省电子工业集团有限公司、广东美的集团、广东科龙集团、锦州石化公司、兰化化纤厂、天津宝坻人民医院、广东电信规划设计院有限公司、广东通信服务有限公司、河南省高速公路联合收费办公室、珠海市委深改办等几十家企事业单位提供管理领域的咨询意见。为深圳地铁集团、格力电器、中航通飞华南公司、深圳崇达技术有限公司等企业提供的管理咨询服务,助力上述企业获得广东省企业管理现代化创新成果一等奖。

这些经历给我的管理学教育理念的形成打下了深刻的烙印——管理学原理和方法等管理学理论必须为管理实践服务,管理实践必须在管理理论的指导下才能得到质的提升;管理类高等教育必须在管理通识教育、管理专业教育的基础上做好管理整合教育，这既是针对不同的管理专业课程的整合，也是针对管理专业课程与其他专业课程的整合，更是学校的理论课程与企业的实际需求的整合。

多年担任管理学院院长而形成的知识面广的特点，以及长期从事管理咨询社会服务所积累的实践经验，让我开始思考如何给管理类高年级学生开一门从理论到实践的整合性的课程。2013年，我开始给暨南大学国际商学院工商管理专业、市场营销专业的200多名四年级本科生开设新课"管理咨询"。之后在学校支持下对该课程持续改造，先后开发了广东省精品视频公开课"企业医生——管理咨询的诊与疗"和大规模在线开放课程（MOOC）"管理咨询"，后者在教育部"中国大学MOOC"、清华大学"学堂在线"连续开课8轮次，注册突破30 000人次。2019年，该课程获得暨南大学第九届教学成果奖一等奖，入选粤港澳大湾区高校在线开放课程联盟2019—2020学年第二学期共享在线开放课程；2020年，本课程被广东省教育厅认定为广东省第一批省级精品在线开放课程、广东省一流本科课程。其英文字幕版在中国大学MOOC国际版、学堂在线国际版成功上线。据悉，本课程是国内MOOC平台上线的唯一一门管理咨询类课程。在本书即将提交出版时又传来一个好消息——本课程被认定为2019年国家精品在线开放课程。

虽然这门课程无论是在校内还是在社会上都广受欢迎，但却有一个无法回避的尴尬——暂时找不到合适的教材。为了回应线上线下广大学员的热切期盼，我决定以慕课授课的实时录音为基础自编教材。从2019年年初到2020年6月，由于每周只能抽出不到10个小时用于教材编纂，这本字数并不太多的教材历经了18个月才敢提交给出版社。

本教材以管理咨询师的视角，通过导入外部管理智慧，帮助企业认识发展中的各种矛盾及其运动规律，指导企业有效识别并系统解决在发展中遇到的各种内生性和外生性管理瓶颈问题，在不同阶段分别采取"预防-预警-辨识-处置"的解决方案，实现预防、修正或升级等不同的咨询目标，使企业得以持续、健康发展。

本教材在编撰过程中，采用了包括作者自己在内的许多管理咨询工作者的管理咨询实战案例。这些案例大大丰富了本教材的内容，也使得本教材显得更加生动、形象。尽管作者已经尽力使这些案例的过程展示简单化、表述通俗化，但要深入理解这些跨行业的案例，仍然需要阅读者的知识背景和经验背景。

本教材目前只是入门级的管理咨询教材，不但可以作为慕课"管理咨询"的配套教材，而且适合对管理理论与管理实践的结合有兴趣的本科生、管理类科学学位研究生、工商管理硕士研究生（MBA）、工程管理硕士研究生（MEM）阅读学习，对于有志进入管理咨询行业的各类人士自学使用也是适合的。

作者期待阅读者在阅读、学习的过程中，不断反馈学习者的新需求以及对本教材现有表述的改善性意见，争取本教材的质量和水平通过改版获得不断提升。

编者
2020年7月

第 1 章	绪论	1
1.1	案例：一个世界级企业是如何形成的	1
1.2	管理咨询的理论依据：负熵流与系统稳定	6
1.3	企业需要导入负熵流的几种情况	9
1.4	警惕负熵流的不当导入	11
1.5	管理咨询业的前世今生：咨询行业的历史与现实	14
1.6	管理咨询的属性和规则：分类、任务、过程、要求	17
1.7	管理咨询的流程和步骤：诊与疗的关系	20
	本章思考题	22

第 2 章	管理咨询中的诊断过程与诊断方法	23
2.1	案例——药贩子还是郎中	23
2.2	发现不正常——比对法	26
2.3	发现不合理——演绎法	27
2.4	问题属性与诊断目的——主要矛盾的五个维度	30
2.5	问题属性与诊断目的——不可忽视的小病、未病	33
2.6	诊断的目的与诊断三部曲——调查、分析、判断	35
2.7	获取资料	38
2.8	企业调查参考模型	40
2.9	常用的调查工具	43
2.10	分析过程与分析方法（1）	46
2.11	分析过程与分析方法（2）	51
	互动教学实录	53
	本章思考题	54

第 3 章	管理咨询中的解决方案设计	55
3.1	关于解决方案的认知——策划与构思	55
3.2	关于解决方案的认识——问题导向	57

3.3 再谈解决方案必须面向问题 58
3.4 选好解决方案的切入点 60
3.5 解决方案的结构化 63
3.6 形成解决方案过程中的六个"不要" 66
互动教学实录 68
本章思考题 68

第 4 章 管理咨询中的解决方案实施 69

4.1 如何推介解决方案 69
4.2 方案实施中的主客体关系 71
4.3 合作产生竞争力 73
4.4 咨询实施中的"授人以渔" 75
4.5 咨询实施从试点开始 77
4.6 方案实施中的过程管理 78
互动教学实录 80
本章思考题 80

第 5 章 管理咨询的实施后服务 81

5.1 管理咨询不可能一劳永逸 81
5.2 如何应对旧病复发 83
互动教学实录 84
本章思考题 84

第 6 章 管理咨询的与时俱进 85

6.1 管理咨询必须面向外源性挑战 85
6.2 管理咨询要与时俱进 87
6.3 管理咨询的服务导向 89
6.4 互联网时代的管理咨询——机遇与挑战并存 90
本章思考题 93

附录 管理咨询实战案例——山东某纺织集团公司如何实现突破转型 94

参考文献 100

致 谢 101

第1章 绪 论

1.1 案例：一个世界级企业是如何形成的

常常有同学问我：

"老师，管理咨询是做什么的？"

"管理咨询面向什么职业？"

"管理咨询对企业有什么作用？"

……

我试着一一解答。

管理咨询是做什么的？管理咨询是管理咨询师利用自己掌握的管理知识和长期形成的管理经验，为满足企业的特定需求而提供的一种管理智力输出服务。换句话说，管理咨询为企业提供一种管理知识和管理智力的外部支持服务。它属于面向管理实践的高智力知识服务业。有学者认为，管理咨询公司是根据客户需求由具备专业知识的人员为客户提供具有高度专业化知识和高智力附加值的专业服务公司，属于典型的知识密集型服务业（knowledge intensive business services，KIBS）。

它面对的是什么职业呢？首先，它面对的是世界上形形色色的管理咨询公司（或叫作管理顾问公司）以及管理咨询公司中的管理咨询师（或称顾问）；其次，它面对的是各种企业的管理人员。企业管理人员通过学习管理咨询来了解如何去诊断一个企业（或如何接受诊断），如何去纠正企业在发展中的一些错误，或弥补企业发展中的一些漏洞，或维护一个企业的健康。企业管理人员也可以通过自身掌握的管理咨询知识、手段、方法和工具，有限度地去做一些自我改善。

管理咨询对企业有什么作用呢？让我们从一个案例来说起。

坐落在广东省深圳市的华为公司是一个世界级企业。华为从一个普通的企业如何崛起为一个世界级企业？首先，它受益于中国改革开放的大潮，受益于电信行业这些年的飞速发展，电信设备制造业得到了快速的发展。在快速发展中，华为遇到了很多企业在发展中都会遇到的问题，例如部门分工越来越细致、清晰，流程越来越职能化。一个本应随着分工深化而提高效率的过程，却发展到职能越来越封闭化。封闭的职能、被割裂的流程导致部门和部门之间围绕责权利的摩擦越来越多、争斗越来越多，在这种摩擦和争斗中，流程被人为截成许多段，几乎都变成了孤立的流程。流程不通畅了，管理效率降低了，客户需求无法得到真正的满足。

华为创始人任正非先生注意到了现实中的这种矛盾，他更注意到了由于这种矛盾给企业发展带来的隐忧。任正非先生怎么去解决这个困扰了很多企业家的问题呢？一方面，他在各种会议上发表讲话，在华为的内部出版物上发表了很多的文章，比如《华为的冬天》《下一个倒下的会是华为吗》等；另一方面，任正非先生也认识到，可能这些问题不是自身能解决的问题。

于是，他开始寻求外部的管理智慧，尝试将外部的管理智慧引进到华为，利用外部的管理智慧来帮助华为脱胎换骨，帮助华为能够蜕变成一个更好的企业，找到一条使华为蜕变、演化为跨国大企业、世界级企业的通道。效果怎么样呢？我们来看图1-1，在这张图上显示的是1995年到2019年华为销售收入情况。不难看出，华为的销售收入呈现了三段式变化，从1995年到2003年销售收入是比较平缓的增长，2003年到2013年的这一段比第一段变得陡直了，2013年以后变得更加陡直。华为销售收入第一个转折点是2003年。既然发生了转折，那么在转折的这一年以及转折之前，公司的管理一定发生了什么变化。

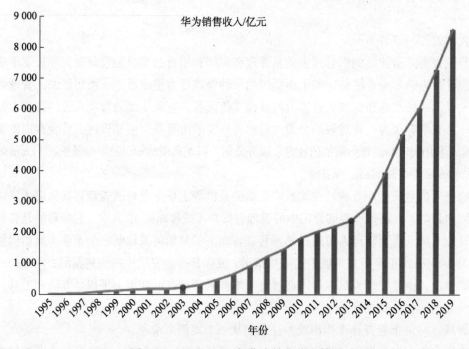

图1-1　1995—2019年华为销售收入情况

原来，在1998年8月到2003年的上半年，华为耗资5 000万美元引进了IBM公司来进行管理咨询，在这个名为"IT策略与规划"的项目里面一共包含了8个子项目。我认为其中最重要的有两个子项目，一个是集成产品开发（integrated product development，IPD），另外一个是集成供应链（integrated supply chain，ISC）。在实施这两个项目之前，以产品开发为例，同其他很多企业一样，华为的产品开发是局限在研发部门内部的，其他部门如市场部门、财务部门、工艺部门、制造部门基本上不参与。这样研发周期长、费用高，产品的市场成功率比较低。IBM给华为所做的这个咨询，使得华为获得了非常大的收益，凭借当时建立的产品开发、供应链、财务 IT 系统，华为理顺了业务流程。业务流程理顺以后，华为与国际领先公司的管理差距越来越小，而管理效率大幅度提升，极大地支持了华为的战略转型和文化创新。华为经过多次蜕变才从一个普通的企业，变成了今天的国际领先企业。

以华为 ISC 的咨询改进为例。

在开展 ISC 项目的时候，公司就定下了很明确的目标，就是要质量好、成本低、服务好，快速响应客户需求。华为 ISC 变革前后的绩效对比如图 1-2 所示。

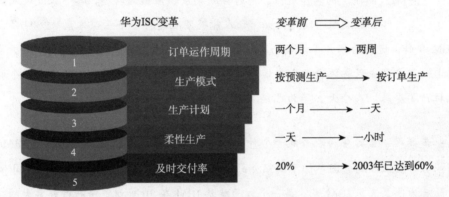

图 1-2　华为 ISC 变革前后的绩效对比

华为供应链流程基于 SCOR 模型（supply chain operations reference model，供应链运作参考模型）[①]而设计。SCOR 模型的左边是供应商，右边是客户。从左到右涉及采购、制造和物流几个模块，当然还有从客户来的订单。把这几块统一起来就是计划，从而形成供应链主要流程的顶层结构。在项目前期的关注阶段，IBM 顾问通过对业务部门和各级领导的访谈，发现供应链存在的流程问题、组织问题以及 IT 问题等，就此根据 SCOR 模型进行了流程设计和 IT 系统的设计。

经过几年的设计和推行，华为供应链建设了 50 多个子流程，下级流程达到好几百个。同时也定了很多考核性的指标，把供应链和研发流程的界面理清。

IBM 全球企业服务部的高级咨询师黄红卫先生接受了本书作者的访问，试图理清以下问题。

（1）当年华为在寻找什么？华为想要选择什么？

（2）IBM 能够给华为做什么？IBM 最终给华为提供了什么样的解决方案？

李从东：黄顾问，您好！您经历了 IBM 对于华为的整个咨询过程，现在以咨询师的角度来

---

① SCOR 是由国际供应链协会（supply chain council，SCC）开发支持，适合于不同工业领域的供应链运作参考模型。1996 年春，两个位于美国波士顿的咨询公司——Pittiglio Rabin Todd & McGrath（PRTM）和 AMR Research（AMR）为了帮助企业更好地实施有效的供应链，实现从基于职能管理到基于流程管理的转变，牵头成立了供应链协会，并于当年底发布了供应链运作参考模型（SCOR）。

看，IBM 对华为的咨询，对华为的成长和发展产生了哪些影响？

黄红卫： 华为的成功来源于三个方面，第一点，华为的战略非常成功。华为在 30 年前，它已经决定了要成为世界一流企业，有了这么宏大的愿景。第二点，华为在整个转型的过程中，选择了以 IBM 为代表的先进企业帮华为构建了一套科学的管理体系。第三点，华为经常提到的绩效文化，或者俗称狼性文化。在华为和 IBM 最先开始的 IT 战略的咨询项目中，确定了以产品创新为切入点，帮助华为来进行全面的转型。从 1998 年开始，IBM 帮华为开始了历时 5 年的产品研发的转型过程，同时伴随集成供应链的转型。接下来发现人的问题又出现了，怎么样去解决人的问题？如何让人能够匹配这样一个管理体系？2007 年，华为又和 IBM 合作，进行为期 3 年的领导力转型的项目。人的问题得到初步解决以后，华为又在考虑进一步要变成世界级企业，应该怎么去管理？以财务管控为核心的这么一个财务转型，就拉开了序幕。在今天，华为已经奠定了它在整个世界市场上的地位。

李从东： 黄顾问，当时华为在寻找一个什么样的合作伙伴？为什么最终选择了 **IBM**？

黄红卫： 当时任正非到美国参访了四家公司，有休斯公司、贝尔实验室、惠普公司和 IBM 公司，最后为什么选定 IBM 呢？第一个方面就是 IBM 在 20 世纪也进行过非常大的转型，从 1992 年开始到 1997 年初见成效。IBM 转型的成功，从经验上来讲吸引了任正非；另外一点，其实文化上，IBM 也是一个非常典型的绩效导向的企业，和华为在文化上有非常大的契合性。对于华为来讲，也是看到 IBM 的开放和高瞻远瞩，华为认为它可以站在 IBM 巨人的肩膀上，走得更远。

李从东： 黄顾问，当时华为在接受咨询的时候，主要是从哪些方面来做的这个改进？

黄红卫： 大家可以看到，IBM 和华为合作从 1997 年至今，差不多持续了 20 年的时间。从 IBM 和华为合作的历史来看，其实我们最先是从规划开始的，经过双方群策群力，从战略上的共识、流程上的拉通、文化上的契合，促进了华为转型的成功。

IBM 和华为正在联合做一个非常大的项目，叫作"全球品牌的铸造"。被咨询企业和咨询企业之间已经存在了将近 20 年的合作，未来还会继续合作下去。在这样的合作中，两家公司关系越来越密切，彼此之间高度信任。

华为创始人任正非在接受媒体采访时曾表达了对美国公司的感谢，尤其是 IBM、埃森哲等咨询公司。华为还曾聘请过波士顿、普华永道（PwC）、合益集团（Hay Group）、日立咨询、日本丰田董事等咨询公司或专家。任正非说："日本丰田公司的董事退休后带着一个高级团队在我们公司工作了 10 年，德国的工程研究院团队在我们公司也待了十几年，才使我们的生产过程走向了科学化、正常化。""我们每年花好多亿美元的顾问费。"

华为与埃森哲的合作

2007年开始,华为聘用埃森哲启动了CRM(客户关系管理),加强从"机会到订单,到现金"的流程管理。2008年,华为与埃森哲对CRM体系进行重新梳理,打通从"机会到合同,再到现金"的全新流程,提升了公司的运作效率。

2014年10月,华为和埃森哲已正式签署战略联盟协议,共同面向电信运营商和企业信息与通信技术(ICT)两大市场的客户需求开发,并推广创新解决方案。

华为与合益集团的合作

1997年,任正非开始谋划人力资源开发与管理系统的规范化变革。在美国合益集团的帮助下,华为逐步建立并完善了职位体系、薪酬体系、任职资格体系、绩效管理体系,以及各职位系列的能力素质模型。

华为与普华永道的合作

华为通过与PwC、IBM合作,不断推进核算体系、预算体系、监控体系和审计体系流程的变革。在以业务为主导、会计为监督的原则指导下,参与构建完成了业务流程端到端的打通,构建高效、全球一体化的财经服务、管理、监控平台,更有效地支持公司业务的发展。通过落实财务制度流程、组织机构、人力资源和IT平台的"四统一",以支撑不同国家、不同法律业务发展的需要;通过审计、内控、投资监管体系的建设,降低和防范公司的经营风险;通过"计划-预算-核算-分析-监控-责任考核"闭环的弹性预算体系,以有效、快速、准确、安全的服务业务流程,利用高层绩效考核的宏观牵引,促进公司经营目标的实现。到目前为止,华为公司在国内账务方面已经实行了共享,并且实现了统一的全球会计科目的编码,海外机构已经建立财务服务和监控机构,实现了网上财务管理。

华为与德国国家应用研究院(FhG)的合作

在德国国家应用研究院的帮助下,华为对整个生产工艺体系进行了设计,包括立体仓库、自动仓库和整个生产线的布局,从而减少了物料移动,缩短了生产周期,提高了生产效率和生产质量。同时,建立了严格的质量管理和控制体系。华为的很多合作伙伴对华为生产线进行认证的时候,都认为华为的生产线是亚太地区最好的生产线之一。华为建立了一个自动物流系统,使原来需要几百个人来做的库存管理,降到需仅几十个人,并且确保了先入先出。华为建立了弹性计划预算体系和全流程成本管理的理念,建立了独立的审计体系,并构建了外部审计、内部控制、业务稽核的三级监控,来降低公司的财务风险和金融风险。

华为与中国人民大学的合作

任正非说,创业初期,谁干得好谁干得坏,他脑子里清清楚楚。人多了以后,没办法对所有人评价了,没有判断的标准,老板也不敢把权力下放。那时华为内部有种说法,老板就像天上的鸟,越飞越高,老板说的话让人越来越听不懂,下面人天天琢磨。一个组织如果没有共同的语言、目标、是非标准,大量新人进来就会稀释公司文化。1996 年,中国人民大学以彭剑锋为首的 6 位教授(彭剑锋、黄卫伟、包政、吴春波、杨杜、孙建敏)受华为委托起草了《华为基本法》,目的就是统一思想,达成共识。通过这一过程使得高层管理团队达成了共识,形成了统一的意志。现在华为高层的经营管理团队(EMT)成员都是当年《华为基本法》形成过程的主要参与者。

《华为基本法》的精髓是什么呢?力出一孔,利出一孔。任正非在 2013 年新年献词中写道:"我们这些平凡的 15 万人 25 年聚焦在一个目标上持续奋斗,从没有动摇过。就如同在高压下从一个小孔中喷出来的水可以切割钢板,从而取得了今天这么大的成就。这就是'力出一孔'的威力!我们的聚焦战略就是要提高在某一方面的世界竞争力。""我们坚持'利出一孔'的原则,EMT 宣言,就是表明我们从最高层到所有的骨干层的全部收入,只能来源于华为的工资、奖励、分红及其他,不允许有其他额外的收入。从组织上、制度上,堵住了从最高层到执行层的个人谋私利,通过关联交易的孔掏空集体利益的行为。"

此外,华为与 PwC、毕马威、德勤等的合作,完善了其核算体系、预算体系和审计体系流程。华为在品牌管理上与奥美、正邦合作,在战略咨询、客户满意度调查、股权激励等方面与多家国际管理咨询公司合作,使其在多方面借用外脑,实现全面的成长。

自学自测　扫描此码

1.2　管理咨询的理论依据:负熵流与系统稳定

华为这个案例告诉我们,管理咨询对于企业的成长、企业的发展,具有非常大的促进作用。

本节从系统论的角度,研究管理咨询的理论依据。系统论的哪些概念和管理咨询的理论依据有关呢?

"熵"是热力学里面的一个概念。和熵有关的一个概念叫"熵增",还有一个概念叫"负熵"。经常可以看到,除了企业的成长和进化以外,还有大量的企业在发展过程中退化甚至消亡,一些如日中天的大企业也可能突然倒下。

2008 年 9 月 15 日,全球第四大投资银行雷曼兄弟向纽约破产法院申请破产,这是全球第四大投资银行,财力非同寻常,实力非常强大。这家公司已经有 158 年的经营历史,但是说倒就倒了。

IBM是一家非常强大的企业,在20世纪90年代,也曾经濒临死亡。1993年,IBM因为机构臃肿和孤立封闭的企业文化,亏损高达160亿美元,面临着被拆分的危险。有一家媒体对此形容道"IBM已经一只脚踏进了坟墓"。这时董事会从外部空降了郭士纳,他和继任总裁彭明盛力推改革,使IBM获得了新生。

倒掉的中小企业更多。有一个诺贝尔物理学奖的获奖者叫肖克利,他创办的肖克利电子公司,不到两年就倒闭了。还有一个例子,2013年5月,齐齐哈尔第二制药厂由于内部的管理混乱无序,放任一个外聘人员以牟利为目的采购了错误的原料来制造治疗肝病的亮菌甲素注射液,引发了非常严重的后果,导致企业破产。

我们也注意到,有很多中小企业度过了危险期,蓬勃发展起来。作为管理咨询的研究者,我们关心的是那些蓬勃发展起来的企业,它为什么能够蓬勃发展?那些倒掉的企业它是怎么倒掉的,为什么倒闭?

系统论里有个耗散结构理论。提出这个理论的科学家叫普里高金。普里高金的耗散结构理论认为,封闭系统总是趋于无序的。什么叫封闭系统?就是系统与外界没有任何的交换、没有任何的交流。我们想象一间屋子,没有门、没有窗,没有空气的交换、没有热量的交换,甚至整个墙壁都是绝热的,这样的一间屋子就可以叫作封闭系统。世界上绝对的封闭系统可以说是不存在的。封闭系统趋于无序,称之为熵增。熵是一种混乱性的表述,熵增是系统混乱度不断增长的现象。在耗散结构理论里,它对于稳定是这样描述的,稳定是无序的极端形态。在平时的语态环境下,我们可能对"稳定"赋予了一种褒义的属性。我们追求企业稳定、社会稳定,但是在系统论里,稳定是无序的极端形态,就是混乱发展到极端的状态,这个系统就死亡了。系统论里把这种死亡叫作"热寂",热寂就是由于沸热导致的死亡。

企业发展中存在着大量的熵增现象。按照熵的来源,分成内生性熵增和外源性熵增。举一个内生性熵增的例子。广东顺德曾经有一家大型家电企业,这家企业非常重视质量管理,推行质量责任的追溯制度。这听起来是一种很好的制度,由于有质量责任的可追溯性,每一个岗位都会严格地控制质量。但也恰恰由于质量责任的可追溯制度,导致员工缺乏担当。遇到任何工作,首先考虑的是如何避责。由于推诿,给企业的效率造成了极大的负面影响。在很多情况下,我们都在强调部门和部门之间要协作、岗位和岗位之间要协作,但在质量责任的追溯制度面前,一切都不存在了,这就是一种熵增。另外一家家电企业,曾经有一段时间,每天的生产计划都无法达成,生产的实际进度落后于计划进度,车间的作业长非常着急。他就想着要把生产线的运行节拍调快。生产线的节拍是我们通过科学测定定下来的一个时间标准,一旦改变了这种节拍会造成生产线的混乱,也就是说作业长为了加快进度去调整节拍会造成新的混乱。这样的调整是非常主观和随意的。平时在企业里面应该都有处理这一类事情的流程,已有的流程规范为什么可以放在一边?这也是一种内生性的熵增。

除了内生性的熵增，企业还有很多外源性的熵增，就是从外部环境影响到企业的这种熵增现象。比如行业的断崖式下滑。有很多行业，可能由于技术的原因或者由于市场的原因、恶化的营商环境等，会发生行业的断崖式下滑。比如前几年的煤炭行业、工程机械行业，都面临过行业的断崖式下滑。

如上所述，封闭的系统最终会导致熵爆，也就是死亡。那么有效的能量在转化为无效的能量以后，系统就达到热平衡了，这个热平衡就是一种死亡的状态，怎样避免有效的能量全部转化为无效的能量？我们解决的路径只有一个，那就是导入负熵流。

企业的发展规律是，或者走向消亡，或者在应对熵增的平衡过程中走向发展。

让我们重温热力学第一定律和热力学第二定律。我们知道系统是由两种能量组成的，一种是有效能量，一种是无效能量。有效能量逐渐地转化成无效能量，但是不管怎么转化，两个能量的总和，它是保持不变的，这就是热力学第一定律，也称能量守恒定律。

假设一台汽车的气缸通过燃烧汽油产生了热，驱动活塞来做功，车轮转动。在这样的过程中，20%的能量用于驱动车辆前进，80%的能量转化成废热。我们通过空气散热或者水冷，把废热导出去。如果不把废热导出去，或者我们不再供应新的汽油，这台车会停下来，发动机没有办法继续工作。

热力学第二定律强调的是能量的总和等于有效能量加上无效能量，这个无效能量就是我们所说的熵。

那么负熵指的是什么呢？负熵指的是系统有序化、组织化、复杂化状态的一种度量，管理系统可以被导入各种各样的结构重整要素。在企业中，我们可以导入的这些结构重整要素，包括了人才、信息、观念、方法、工具，这些要素导入以后，要和系统中原有的要素相耦合，耦合的结果一定要产生"1＋1>2"这样的一个效果。企业导入负熵流，使得系统发生涨落，系统远离平衡态。因为平衡态是一种死亡状态，我们导入负熵流，就使得系统远离了平衡态。这样系统才能够创新，组织才能够发展。

既然负熵流有这样的作用，那么有目的地为对象组织导入负熵流就是管理咨询的功能。管理咨询就是要给企业导入负熵流，就是要给企业输入各种各样的结构重整要素，结构重整要素里面包括了资金、技术。我们可以去引进设备，可以去购买专利，这些都是导入的结构重整要素，但是有一些软的要素，如人才、信息、知识，知识里面包括了方法、工具，这些东西的导入是管理咨询的主要功能，也就是说管理咨询是一种软的投入。

客观题

自学自测　扫描此码

1.3 企业需要导入负熵流的几种情况

为了使企业系统远离平衡态,需要从外部导入负熵流。但是企业在什么情况下才需要导入负熵流呢?

浙江萧山某五金企业生产窗帘拉杆,长期受客户变单的困扰,导致在制品库存居高不下,利润率越来越低,多次与客户沟通无果。

变单指的是什么呢?订单的一个要素或者几个要素发生了改变,例如订货品种、订货量、交易价格、交货时间和交货地点等,这些指标只要有一个指标发生了变化,就叫作变单。变单对于制造企业来说有什么不良后果呢?一般情况下,客户下了订单以后,制造企业就要按照订单来准备物料、设备、人工和工艺条件等,一旦变单就意味着制造企业前期所做的这些准备,有一些可能就不能用了,会造成资源的积压、占用,甚至是无效的损耗。它会导致企业的在制品居高不下,利润率越来越低乃至亏损。

这家五金企业最初认为这件事情是营销沟通不力的问题。为此,公司在两年里换掉了两个营销副总,但是问题并没有得到解决。

应公司邀请,某咨询师仔细研究了这家制造企业的工艺流程和运营流程,翻看了其订货台账和销售台账,重新计算了交货周期,然后提出了新的解决方案。这个解决方案的大致思路就是通过改善运营流程缩短交货周期。交货周期缩短以后,基本上解决了这家制造企业的问题。解决这个问题并不难,为什么这家企业自己长期以来无法解决呢?也许是思维固化,也许是难以战胜自己。企业有时需要外来的和尚来念念经,外来的和尚才能念好经。

企业在什么情况下,可能寻求管理咨询师的帮助呢?

第一种情况,有病而不自知,或者知病而不能自治。浙江新昌有一家民营企业,其供应商总是失约。例如企业向供应商下了订单,要求将某一种物料在特定时间送到生产线上,但是供应商未准时送货,使得企业生产停顿。咨询师调研供应商时,供应商也有苦衷,他说这家企业价格压得那么低,别人如果给我更高的价格,以我有限的生产能力,我肯定优先给别人生产。表面上看是营商环境或是企业诚信的问题,但是实际上这里有一个价值链的生态价值节点的价值能否有效实现的问题。解铃还须系铃人,抱怨供应商失约的企业,实际上掌握着解决问题的钥匙。

第二种情况,创新乏力,组织遭遇业绩天花板。有一家很知名的连锁餐饮集团,这些年在国内的各个城市扩张速度非常快。但是公司很快就发现,出现了增店不增收的现象,连锁店扩充得很快、很多,但是利润增长非常缓慢。企业遇到了利润天花板。

第三种情况,企业屡遭败绩,需要外力介入遏制下滑。西北某化纤企业由于设备老化,经常出故障,导致非计划停车频发,再加上那些年国外化纤走私也比较猖狂,走私化纤在市场上对该企业的产品构成冲击,该企业连年亏损。通过实施管理咨询,技术和管理两个手段一起上,彻底扭转了这种情况,使得它扭亏为盈。

第四种情况，外部环境突然发生变化，组织处在迷茫状态或者战略分歧点。广东有一家电信规划设计院，原来是一家事业单位，后来把它并入一家股份制公司以后，面临着从事业单位到企业转变的过程，还得接受股份公司的一系列管理规矩的制约。这个时候这家企业面临着运营体制转型的问题，而长期的运营惰性使其转型非常艰难。

第五种情况，企业在某方面遇到了瓶颈，自身无力突破。有一家大型空调企业，新建了厂房和生产线，但是产能瓶颈一直无法突破。接受了有效的管理咨询以后，其设计产能得到了有效释放。

第六种情况，有些企业缺乏系统化的管理设计思想和管理改善方案。某特大城市的地铁公司，通车里程增长非常快。地铁公司内部由两个大的板块组成，一是地铁的建设板块，二是地铁的运营板块。由于线路发展得很快，地铁的建设板块就长得很大，有几千人的城市轨道交通建设队伍。公司担忧，当城市的地下线网完全覆盖了城市的时候，公司不再需要这么大的一个建设板块，将来怎么办？另外，地铁公司一般都属于城市的地方国有企业，如果想做大、做强，不能总守着这一个城市，多年积累的技术能力、管理能力，能不能输出到其他城市去？企业能不能有新的发展？如果没有系统化的管理设计思想，那么这个难题是无解的。

如上节所述，管理咨询具有负熵流的作用。管理咨询作为高端的智力服务，一直发挥着连接学术理论和管理实践应用的桥梁作用。管理咨询有两个集成作用，一是对于管理学各门专业知识的集成。有点类似于医学院的学生，在医学院要学生物学、毒理学、药理学、病理学、内科学、外科学、妇科学、儿科学、骨科学等，到临床应用时不会限制在某一门课上。二是从理论到实践的集成。很多知名企业的重大转型，都有管理咨询公司在幕后策划和辅导，可能在媒体上不容易看得到，因为管理咨询本身的特点，使其只能充当幕后英雄而不能走向前台，管理顾问不能抢企业家的风头。

20世纪80年代，韦尔奇领导通用电气的改革，背后就有许多家著名咨询公司出谋划策。在上节也介绍过，20世纪90年代郭士纳出任IBM的总裁，推进IBM战略转型。当时郭士纳有两大工作，一方面要对接管理咨询公司，另一方面要对接股东，进行思考、决策、协调、沟通，最终让IBM这头蓝色的大象重新起舞，成就了超大型企业成功转型的神话。

李从东：黄顾问，我们现在从媒体上知道，在20世纪90年代初，IBM自身也经历了一段困境，当时IBM做了什么样的变革？

黄红卫顾问： 90年代开始的时候，IBM产生了非常巨大的亏损，在1992年有几十亿美元的亏损，当时要把IBM拆分成13家公司。在这种情况下，郭士纳凌空而出。他受过严格的管理咨询训练，在管理过程中也足够开放，包括与大学、咨询公司进行合作，最后成为IBM自身的一些知识沉淀和文化沉淀。比如说IBM战略制定的业务领导力模型，是IBM的战略部门和哈佛大学合作，最后成为战略制定可执行的框架；IBM今天引以为豪的IPD，就是集成研发管理，其实也是和第三方咨询公司合作，最后成为 IBM 自己的研发管理和创新的利器。

企业寻求管理咨询可以获得三个方面的好处。一是可以获得咨询公司的专业能力和专家的力量。咨询公司为什么有专业的能力和专家的力量呢？咨询公司通常有宽阔的行业视野，有众多的企业变革经验来做支撑。俗话说术业有专攻，在咨询公司里也有一些非常专门的专家，如质量管理专家、价值工程专家、成本控制专家等，他们在自己的专门领域有很深厚的专业造诣。咨询公司还有跨行业经验，有利于客户管理创新。二是咨询公司具有第三方的中立作用和客观的力量。在本节开始举的例子里已经提到，那家五金企业遇到一个很简单的问题，自己看不到、自己解决不了，企业管理者本身属于局中人，自己给自己设计改革方案很难客观公正，往往看不到问题的正解或者难以服众，这个时候必须有第三方介入。三是可以获得变革所需要的外部推动力量。人都是有惰性和弱点的，企业改革也需要外力推动，以克服自身的弱点或者是惰性。

自学自测 扫描此码

1.4　警惕负熵流的不当导入

本节要提醒大家——警惕负熵流的不当导入。所谓负熵流不当导入，主要指的是管理咨询中常见的经验主义、教条主义和机会主义。

建立于 1984 年的广东某电器股份有限公司，在 1998 年走到了发展的十字路口，公司发展形势大好，但是矛盾也在积累和演化之中。矛盾主要表现在两个方面，一是业绩天花板，二是大企业病，机构越来越臃肿，人员越来越多。一方面，制度越来越完善；另一方面，管理效率越来越低，部门和部门之间、人员和人员之间的交易成本越来越高。1999 年，公司聘请了 6 个方面的咨询组织来为企业提供意见。

按照通常的理解，请咨询公司进来给企业提供意见，这叫作负熵流导入。按照 1.2 节和 1.3 节的说法，这是有利于企业发展的。当时公司请了哪 6 方面呢？包括财务部请了安永会计师事务所，技术部请了亚利桑那大学，品质部请了中国质量管理协会，党群部请了台湾某文化传播公司和广州的一所著名大学，技术部请了位于武汉的一所国家重点大学，企管部请了位于天津的一所国家重点大学。这 6 个方面的咨询力量都非常强，他们拿出来的解决方案，各有各的道理。

2000年，企业开始实施这些解决方案。2001年年初，企业实施了流程再造，当时采取了一个措施，就是所有的机构，在这一天解散所有的人员，不管你是部长还是科长，都原地卧倒，然后按照新的机构、新的流程，大家重新竞争上岗，企业的业务完全停滞了。咨询解决方案的实施给企业带来了非常沉重的打击，受到了很严重的损失。2001年4月，某咨询师和该公司时任董事长W先生进行了交谈，W董事长很纳闷，他说我实施的是这6个方面的咨询组织给我提供的最先进的管理咨询方案，包括现在大家都在指责我的这个流程再造。流程再造理论（business process reengineering，BPR）难道不是国际上最先进的管理理论吗？（咨询师点评：企业家如果把教条主义当作管理准则奉若神明，企业焉有不败之理？）

除了教条主义，还要警惕经验主义和机会主义。

关于管理咨询中的机会主义，从四个方面来给大家做解读。

机会主义的第一个方面，咨询师或咨询公司"见利忘法"，不但容忍乃至怂恿企业违法，甚至自己铤而走险、以身试法。

有一家咨询公司叫安达信，曾经陷入安然公司的财务丑闻。安然公司当时是世界上最大的能源商品和服务公司之一，名列《财富》杂志美国500强的第7名。这家企业在2001年12月2日向纽约破产法院申请破产保护。一个企业破产，本来也不是什么大惊小怪的事情，问题是安达信公司和安然的破产，联系过于紧密了。安达信公司是1913年由西北大学的安达信教授和普华会计师行的德莱尼咨询师共同创立的。1913年到1952年之间，安达信主要做审计业务，1952年开始，它开始做管理咨询业务。1954年开始在安达信的旗下专门设立了一家咨询公司，即安达信咨询。到1997年，安达信咨询成为世界上最大的咨询公司。但是后来安达信咨询中的一些人和安达信公司分离，分离以后安达信不允许他们再用安达信的招牌，于是分离出去的部分就改了一个名字叫埃森哲。埃森哲是世界上五大管理咨询公司之一。与埃森哲分离以后的安达信公司觉着管理咨询这块业务太重要了，把埃森哲分出去以后又建立了咨询业务部门，这个部门发展得也非常快，高峰的时候，在全世界的很多地方都有办事处，全球的总雇员人数达到75 000人。

安达信和安然公司存在什么关系呢？安然公司从1985年成立的时候一直到2001年倒掉，安达信公司一直是安然公司的咨询公司。美国政府后来发现，安然公司从1997年到2001年之间，一共虚构了5.86亿美元的利润，并且隐藏了数亿美元的债务。这个事情的后面是有安达信的咨询人员参与的。安然公司的雇员里有100多位来自安达信，包括了首席会计师和财务总监等高级职员。在安然的董事会中，有一半的董事和安达信有直接或者间接的联系。这个事情败露后，安达信不但不配合美国政府对安然公司进行调查，反而从2001年10月23日开始，在两个星期之内销毁了数千页安然公司的文件，被法院认定犯有阻碍政府调查安然破产案的罪行，给它很多的制裁和限制。到2005年，安达信这家曾经有75 000人的公司，在全球仅被允许保留200名管理人员。这些人留下来处理和律师、股东等相关的善后事务。类似的故事不仅在安达信发生，毕马威在新华工程的财报中公然作假；四大会计师行之一的德勤陷入科龙的假账丑闻，这些事件中咨询公司的许多行为是非法的，与这些咨询公司长期游离在合法与非法之间有直接关系。

机会主义的第二个方面，可称之为"揠苗助长"。

业内非常知名的咨询公司麦肯锡也遭遇过一系列的失败，如麦肯锡给实达、康佳、乐百氏的咨询。1998年，实达集团与麦肯锡签署协议，请麦肯锡对于实达现有的营销和销售体系作出评价，并且针对集团的硬件产业设计一个面向21世纪、向国际化公司运行机制靠拢的市场营销及销售组织体系，这个项目叫作"建立高绩效的市场营销及销售组织体系"。麦肯锡在前期所做的一切，都是符合管理咨询的流程和规范的。麦肯锡做了八周的诊断，经过案例比较以后，提出两套解决方案。实达接受了第一套方案。在第三阶段，在麦肯锡的指导下，实达对于其接受的第一套方案进行了方案实施。1999年，方案实施使公司物流、资金流发生较大的混乱，信息流中断，新的组织体系成了一个经脉不通的残疾人。实达的业务几乎停滞，直接和间接经济损失超过了1个亿。

麦肯锡为什么失败了？原来，第一套方案是激进型的，但是实达公司的基础课还没及格。这个基础课指的是什么呢？一方面，公司对于矩阵式架构的复杂性认识不足，对于变革所需要的人力资源的准备不充分，公司内部缺少科学、程序化的管理流程；另一方面，对于公司这么大的变革，没有选择一个小的单位进行试点就匆匆忙忙地在全公司推行。这两点可能是麦肯锡在实达遭遇失败的主要原因。

机会主义的第三个方面，有人称之为"点石成金"。

这次要从正面去肯定麦肯锡了。麦肯锡在咨询时不但从医，而且布道，即不仅给企业看病，而且要告诉企业关于身体保健和治病的知识。传统文化里面可能有一些急功近利的东西，推崇点石成金、药到病除。很多人其实更希望咨询公司扮演"张天师"的角色，手执宝剑，遇妖灭妖，见魔降魔。至于他用什么道或法灭妖降魔，有些看故事的人其实并不关心。规范的管理咨询要通过培训和合作来实现管理知识的转移，知识从咨询公司转移到实施应用的企业，从管理咨询师转移到企业的人员。这个知识转移既包含观念上的，也包含工具上的，也就是说道、理、法、术都要传递到位。但是很多企业希望咨询公司包办一切。一些企业领导觉着我是甲方，我付钱了，乙方就应该把所有的事短平快地都办了。所有的事指的是什么呢？其实他最关心的就只有一件事，产出指标达到要求就可以了。

机会主义的第四个方面，实际上是阐释管理咨询"标准化与个性化"的关系。

有一家非常著名的咨询公司叫罗兰贝格，2002年，南航以招标的形式挑选了罗兰贝格战略咨询公司协助南航制定新南航发展战略，并且同时启动了文化整合与创新，创建和推广南航的新文化，命名为"南航心约"。南航心约成功实施后不久，很快就在别的企业出现了几乎一模一样的"××心约"。为什么会有这种情况？一方面，我们要指责那些抄袭者、模仿者、偷窃者，但是另外一方面，我们需要来检讨一下罗兰贝格所做的南航心约为什么被抄袭？本来给一家企业量身定做的东西，它怎么能轻易地被移植到别的公司而且也能适用呢？这说明这个咨询解决方案可能忽略了咨询方案的个性化，过于强调了标准化。这两者要平衡好，既不能完全个性化，因为我们还有成本因素需要考虑。但是也不能只考虑成本，给所有的企业都是千篇一律的标准化的东西，这样对企业自身的特点和需求，可能就照顾不足。

1.5 管理咨询业的前世今生：咨询行业的历史与现实

管理咨询是一个非常古老的行业。早在春秋战国时期就有很多知名的咨询人士，比如当时的商鞅、孙武、管仲、孙膑、范蠡等。以商鞅为例，在秦孝公时代，商鞅从魏国来到秦国，给秦国出了很多主意，比如重商、重农的方案，秦国实施后很快富强起来。虽然商鞅后来担任了官职，但担任官职之前所做的这一切，都属于咨询工作。

在秦汉三国时代，如范增、张良、陈平、诸葛亮、鲁肃、郭嘉等都是咨询人士。在《三国演义》里，特别提到了曹操的著名谋士郭嘉，曹操对于要不要北伐袁绍，一直犹犹豫豫、难下决心，因为袁绍的实力非常强，曹操不得不有所忌惮。郭嘉就给曹操做了一个利弊分析，说"操有十胜，绍有十败"，从十个方面以对比方式进行利弊权衡，对于强化曹操北上的决心起到了非常大的作用。

在清代，咨询行业发展成为一个行业组织，如曾国藩的湘军幕府、左宗棠的楚军幕府、李鸿章的淮军幕府等。地方官府一般情况下都有一个职位，叫作师爷。

必须要指出，中国古代的管理咨询师，无论是个别的管理咨询人士，还是作为组织存在的咨询组织，由于处于长期以来的封建社会体制和自然经济模式的大背景下，与现代咨询业相比，其一，他们大多是为了政治信仰或个人仕途，而不是为了商业价值而工作；其二，他们所服务的对象主要是官府、政治家而非经济组织。这与市场经济模式下的现代管理咨询业有着本质的区别。

现代管理咨询业可以追溯到 1926 年，芝加哥大学的詹姆斯·麦肯锡成立了一个会计与管理工程事务所，后来马文·鲍尔买下了麦肯锡，把它改造成现代管理咨询公司。1973 年，威廉姆·贝恩离开了 BCG（波士顿咨询公司）成立了贝恩公司。由此形成了三大咨询公司：一是麦肯锡，二是波士顿，三是贝恩。

这三家公司在发展过程中形成了两大门派，一大门派强调做咨询一定不要过多地插手客户内部的事务，以麦肯锡为代表；另外一派强调咨询与实施相统一，也就是关系咨询法，以贝恩为代表。

当今世界上管理咨询业的主要代表有：IBM全球企业服务部、埃森哲、毕博、凯捷、麦肯锡、波士顿、罗兰·贝格、贝恩、博思、德勤等。

除了这些国际咨询巨头以外，中国本土的管理咨询业发展也非常快。据《企业管理》期刊介绍，2012年，经中国企业联合会管理咨询委员会主任委员工作会议研究决定，每年组织开展"中国管理咨询机构50大"名单发布与分析研究工作。2019年4月，在连续7年发布"中国管理咨询机构50大"名单的基础上，中国企业联合会管理咨询委员会向各省市管理咨询业协会、企业联合会和全国广大管理咨询机构发布了《关于申报2019中国管理咨询机构50大的通知》。经全国管理咨询机构自愿申报、地方管理咨询协会或地方企业联合会推荐，截至2019年年底，共计收到近100家管理咨询机构的申报资料和年度财务审计报告等证明材料。经中国企业联合会管理咨询委员会秘书处审核、专家委员会审定，排出"2019中国管理咨询机构50大"名单。"2019中国管理咨询机构50大"共实现业务收入59亿元，与2018年相比增长23%，是2012—2019年连续8年的最高值。"2019中国管理咨询机构50大"平均每家机构的年营业收入为1.18亿元，首次突破亿元大关，其中，机构业务收入过亿元的达18家，业务收入在5 000万～1亿元的机构达20家，均创历史新高；"2019中国管理咨询机构50大"排名靠前的5家机构是：北京华夏基石企业管理咨询有限公司、北京信索咨询股份有限公司、上海君智企业管理有限公司、上海华彩管理咨询有限公司、广州市中大管理咨询有限公司。

近年来，在珠三角活跃着一支新的本土咨询队伍——高胜咨询。高胜咨询的总经理丁佰胜先生回应了本书作者的一些问题。

李从东：丁总，这些年本土管理咨询业发展非常迅速，以你的看法，本土管理咨询业在竞争中有什么特点？

丁佰胜：这几年本土管理咨询行业发展特别快，主要源于市场需求。中国每过几十年有一个转型升级期，目前就属于转型升级的高峰期。在这种转型升级的高峰期，爆发出很多管理咨询需求。事实上咨询市场以中小型民营企业为主，应对这个需求，外资管理咨询公司很难介入，因为外资的咨询公司其服务价格不菲。这样给中国本土的管理咨询公司提供了机会。巨大的市场需求促进了中国本土咨询公司的产生和发展。不一定表明我们比别人优秀，是因为市场太大了。

李从东：丁总，在与外资的大品牌、大公司，比如麦肯锡、埃森哲、**IBM**全球企业咨询服务部等咨询公司竞争的时候，除了价格以外，贵司还有哪些优势？

丁佰胜：我们跟它们不在同一个平台上竞争。外资的品牌，它的客户群体，以中国大型的国有企业、外资企业和超大型的民营企业为主，而本土的咨询公司大部分是以中小型民营企业为主。我们的客户可能是10亿、100亿以下规模的企业（指年销售收入。作者注）。这种情况随着社会、经济的发展也产生了变化，中国本土的咨询公司也逐渐介入大型的跨国企业、外资企业、中国本土的优秀民营企业中；外资咨询公司也会介入中小企业的咨询市场中，即外资咨询公司也往下渗透。双方过去两三年市场泾渭分明，近年来互有渗透。大型的外资咨询公司着重于方案，而中国的中小型民营企业要结果。你给方案、给方法，还必须要帮助实现目标。外资咨询公司很难投入太多的人力物力来做方案实施，因为实施所花的人力物力是巨大的。在这种情况下，中国本土的咨询公司跟外资的咨询公司形成了差异。我们除了给方案、给方法，还能够帮助企业实现目标。这种咨询需求的差异就把我们这两类咨询公司的咨询模式区别开来。

丁总的观点可以简要地归纳为：第一，市场的巨大需求给了外资品牌的管理咨询公司和我国民营的本土咨询公司同样的机会、同样的发展空间；第二，外资品牌公司由于定价定得比较高，客观上，在市场上给民营的本土咨询公司留下一定的空间；第三，本土的一些民营管理咨询公司，比较注重咨询和实施相统一。尽管有一些咨询公司强调咨询和实施相分离，而我们现在强调的是，咨询和实施必须成为一体。在前面介绍过的华为接受咨询的案例中，我们不难发现，IBM也是将咨询与指导实施结合在一起的。不仅提供方案，而且必须指导实施，这是未来管理咨询业的一个发展方向。

讲到管理咨询，不能不提彼得·德鲁克，德鲁克是蜚声世界的管理咨询大师，德鲁克从事管理咨询60年，在整个管理咨询业界，是蜚声业界的。《哈佛商业评论》里面曾经有一句话，"只要一提到彼得·德鲁克的名字，在企业的丛林中就会有无数双耳朵竖起来倾听"。

管理咨询从业者的职业发展，除了做管理咨询师以外，也有一些具有管理咨询能力的运营与供应链管理领域的职业管理者。例如典型的职业包括首席运营官（COO）、工厂经理、项目经理、效率分析师等。以首席运营官为例，大家都知道有个名人叫库克，目前是苹果的CEO（首席执行官），他以前的职位是苹果的COO，就是乔布斯时代的COO，他也是做管理咨询师出身的。

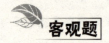

客观题

自学自测 扫描此码

1.6 管理咨询的属性和规则：分类、任务、过程、要求

管理咨询可以被分成广义的管理咨询和狭义的管理咨询。广义的管理咨询还包括了商业咨询。商业咨询主要指的是战略与商业模式咨询、资产与财务管理咨询，以及市场营销的咨询等。狭义的管理咨询，主要包括了业务流程与组织管理咨询、人力资源管理咨询、运营管理咨询，以及信息化与集成化管理咨询等。

在咨询方法上，有些咨询项目采取访谈、工作日写实、调查问卷等方式。咨询师根据经验进行分析，类似于中医的"望、闻、问、切"。而有些咨询项目，要大量收集各种各样的数据、报表，咨询师根据模型进行计算、分析，类似于西医的放射科、B超室、化验室。很难说到底是中医"望、闻、问、切"好一些，还是西医的放射科、B超室、化验室好一些。针对不同的企业，针对不同的问题，这两种咨询模式各有千秋、各有所长。

管理咨询指的是具有丰富的管理知识和经验并且掌握了咨询技法的人所从事的高智能的服务事业。

让我们逐句解读。

首先，管理咨询是服务业，进而是高智能的服务业、是知识服务业，即管理咨询是高智能的知识服务业。是什么样的人从事的高智能服务业呢？是具有丰富的管理知识和经验，而且掌握了咨询技法的人所从事的高智能的服务事业。由此对管理咨询师提出两个方面的要求：一方面要有丰富的管理知识和经验，另一方面要掌握了咨询的技法。

管理咨询的任务和使命是什么？咨询人员在委托者提出要求的基础上，深入对象组织，与对象组织的管理人员密切结合，应用科学的方法，找出对象组织存在的主要问题；进行定量和确有论据的定性分析，找出存在的问题及其原因；提出切实可行的改善方案；进而培训对象组织的人员，指导实施方案；使对象组织的资源配置和要素耦合更加合理，运行体制、运行机制和运行制度得到改善，从而提高对象组织的管理水平和运作效益。

对这段文字进行解析，主要涉及管理咨询这个行为是怎么被触发的，其行为过程是什么样的，这种行为输出的是哪些东西。

第一，咨询人员在委托者提出要求的基础上来做咨询。管理咨询一定是需求导向或者是服务导向，是在委托者有要求的基础上做的事情，不能是咨询公司自己的产品导向或者是方案导向。

第二，咨询顾问要深入对象组织，与对象组织的管理人员密切结合。管理咨询从来都不是单方面的行为，只靠管理咨询师，不管他或他们的知识经验多么丰富，咨询的技能和手法多么熟练，这个咨询行为也不可能成功。必须要和对象组织的管理人员密切结合。没有合作就没有成功，管理咨询一定是一个双方相向而行的、密切结合的、通力合作的过程。

第三，应用科学的方法，找出对象组织存在的主要问题。找到真正的管理问题是管理改善的最重要前提。找问题的过程，一定要应用科学的方法，找不到真正的问题、找不到

主要的问题，管理咨询就无的放矢、无从展开。

第四，要进行定量和确有论据的定性分析，找出存在的问题及其原因。在进行分析的时候，能定量的一定去定量。在不能定量的情况下，要做确有论据的定性分析，即分析过程要经得起推敲。经过分析，要查出来问题的原因，在查问题原因的时候，基本的要求是去伪存真。

第五，要提出切实可行的改善方案。在上一节提到，由麦肯锡和贝恩分别代表的两个咨询流派，后一种咨询流派强调规划和实施的一致性。当然这种一致性，在不同的阶段，其表达是不一样的。在规划的阶段它可能是分离的，但是在实施的时候，又要求它是一致的。

第六，强调培训对象组织的人员，指导实施方案。在实施的时候由谁来实施呢？一定是对象组织的人员，也就是说如果面向企业进行咨询的话，是由企业的人员去实施，而不是由咨询公司的咨询师去实施。管理咨询过程中有一个逃不掉的事情，就是必须要对企业的人员进行培训，通过培训来指导方案的实施。

第七，要使对象组织的资源配置和要素耦合更加合理，运行体制、运行机制、运行制度得到改善。这里讲的是要尽可能地提高。咨询层级越高，解决问题的效率和效果就越好。

第八，要提高对象组织的管理水平和运作效益。这是管理咨询的最终输出。管理咨询的最终输出是要能够有量化的与显示化的管理水平和运作效益的提高。

管理咨询有很多原则。这些原则是管理咨询公司、管理咨询师经过很多的管理咨询案例总结提炼出来的，都是非常宝贵的经验。

原则一，管理咨询具有有限性。即有所为、有所不为，所咨询的范围、咨询的目标、参与的程度一定是有限的，要把这个限度充分描述出来，甲乙方认可这样的有限性。只有有限，才有重点；只有有限，才能突破。把管理咨询的范围定成无限的，通常是做不到的，也是完不成的，效果也是好不了的。

原则二，管理咨询具有客观性。管理咨询师应该聚焦于问题和解决方案，确保解决方案合理、缜密，由对象组织自行决定方案实施的时机、步骤、力度和角度。

原则三，管理咨询具有选择性。在从问题到分析、再到解决方案的咨询路径中，思维模式是不断地先发散、后收敛，再发散、再收敛。在这个过程中，存在着多个目标效价和多种路径，事实上是在不断地做选择。

原则四，管理咨询具有妥协性。在必要性与可能性、长远目标与阶段目标、理想模型与约束条件之间，要不断地寻找平衡点。不可能完全偏向某一个方面，要有效地管控咨询的主客体之间，就是咨询公司和对象组织之间，以及决策层和执行层之间，不同的部门之间的这种矛盾。在管理咨询活动中，矛盾是广泛存在的，甲乙方之间有矛盾，上下层之间有矛盾，部门之间也有矛盾。管理咨询是一个妥协的过程，要面对这些矛盾，要整合分析。当然，所谓的妥协不是和稀泥，重要的原则是不能妥协的，在坚持大原则的前提下，在一些无关紧要的细节问题上可以采取一些灵活的态度和灵活的处理方式。

原则五，管理咨询具有辅助性。对象组织既是管理咨询的委托者，也是咨询结果的采纳者，是咨询方案的实施者和咨询结果的风险承担者。作为管理咨询师应该尽力协助对象组织，对这个"协助"一定要认识清楚，咨询师要帮助对象组织、帮助企业，而不是越俎代庖。真正的实施主体是企业，是对象组织，而管理咨询师、管理咨询公司，只起辅助作用。

下面描述一下管理咨询的主客体关系。

管理咨询的主体是咨询者，其职业被称为管理咨询师。对于管理咨询师的素质要求，以临床医师来做类比，有以下要求。

第一，管理咨询师要具有深厚和宽广的知识基础。其知识面必须是宽广的，知识的厚度是足够深的，否则他应对不了复杂的场景，应对不了复杂的关系。

第二，管理咨询师要具有丰富的管理实践经验。管理咨询师不能仅仅是一个理论工作者，重要的是能不能把深厚和宽广的知识基础与现实中的管理实践结合起来。丰富的管理实践经验或咨询阅历是非常重要的。

第三，**管理咨询师要具有经验知识化和知识集成化的能力**。这一条特别重要。积累的丰富经验应该被咨询师条理化、系统化进而使之成为知识，不同领域的知识，应该被兼收并蓄，为了共同的解决目标，集成在一起。临床医师必须能够把原来掌握的各种知识在实际的病案中体现出来，要把不同科别的知识和经验在一个治疗过程中统一起来。

第四，要具有好学、务实、严谨、细致的工作作风，要重视来自一线的事实、数据和各个层次的声音。咨询师必须要重视这些最本源的、最客观的东西。

第五，管理咨询师要尊重委托者，尊重同行，尊重同事，遵守与委托方达成的保密协议，诚实守信，善于与各个方面合作。

第六，管理咨询师还要具有系统思维，能够自顶向下地进行规划和设计，能够自底向上地、由点到面地协助甲方实施方案。规划时一定是俯视，自顶向下，这样的规划才具有全局性；实施时是自底向上，由点到面。这样的实施才能一步一步地落实、落细、落地。

第七，管理咨询师要尊重科学、实事求是，要重视科学方法、科学工具的使用。要敢于面对不尊重事实的任何压力。在管理咨询中，经常会遇到来自各个方面的压力、干扰，作为管理咨询师必须不屈吾道。

管理咨询的客体，称之为对象组织，如果管理咨询的客体或对象组织是企业，那么，管理咨询具体就是指企业管理咨询。

管理咨询师有哪些责任呢？

第一，要协助委托人认识发展中的各种矛盾和它的运动规律。怎么来认识？通过培训、辅导，来认识企业发展中的各种矛盾和运动规律。例如，技术开发中有什么矛盾和运动规律，质量控制中有什么矛盾和运动规律，成本控制中有什么矛盾和运动规律等。在主要矛盾周期的不同阶段，要协助企业分别采取系统预防、系统预警、系统辨识和系统处置的方式，最大限度地保障企业的利益，使企业得以持续和健康发展。

第二，要以委托人的长远利益为目标，逐步培育其自我诊断和自我修复能力。

1941年5月，毛泽东在延安高级干部会议上做《改造我们的学习》的报告，标志着在中国共产党历史上具有深远历史意义的延安整风运动拉开了序幕。在这篇文章中,毛泽东讲解了正确的学风来自对客观实践的认识。管理咨询师需要接受系统专门的管理理论和管理方法教育,但其管理实践的经历绝对不可替代。经验知识化、知识集成化是管理咨询师成长的必经之路。

对管理咨询的客体,也有一些要求。

一是对象组织不得讳疾忌医,不得以虚假的事实和资料误导咨询者。对象组织必须有意愿寻求并且接受管理咨询,深信管理咨询可以促进组织变革,促进组织发展;如果委托者对于管理咨询的效果是怀疑的,那么这个过程很难进行。由于对象组织是变革的主体,必须设定变革的愿景,对象组织必须明确通过管理咨询的实施能够达到何种未来状态,主动以高层领导团队参与的方式接受管理咨询。

二是对象组织不能违反咨询程序,将主观意志强加给咨询者。这一条要特别注意,有很多企业在接受咨询时违背这一条。为什么呢?他们以为自己是甲方,甲方付了钱,让你说什么你就说什么,让你做什么你就做什么,这是违反咨询程序的。

三是不能得病乱求医,或者良莠不分,或者断章取义,或者盲从咨询建议。这就是前面讲过的负熵流的不当导入。负熵流的不当导入不但不能给系统带来创新和发展,还有可能使系统加速崩溃。

自学自测　扫描此码

1.7　管理咨询的流程和步骤:诊与疗的关系

以医生和病人之间的关系来做类比,管理咨询的学习者要明确诊与疗的关系。

企业诊疗的步骤,本书称之为诊疗五部曲。

第一步,数据收集、分析与望闻问切。通过数据收集、分析与望闻问切,确认病本,分析研判企业到底患了什么病。

第二步,总体规划、制订咨询计划。如果已经确认病种,接下来要对整个咨询过程做一个总体策划,对于组织、人员、进度、资金,以及每一个阶段的质量指标,都要有一个确定性的设想。

第三步,要分析主要问题,并且研究解决方案。企业中问题非常繁多,对所有问题都深入分析是不可能的,只能分析主要问题,并且只针对主要问题研究解决方案。当然,对影响主要问题的非主要问题，或者可能转化为主要问题的非主要问题也不能掉以轻心。

第四步，要培训队伍，授人以渔。

第五步，选择试点。对于解决方案，通过试点的实施，来发现这个方案的适用性和不适用性；根据实际情况修正方案，并且获得局部的实施经验以后，在全系统进行推广；通过总结，全面地收获咨询的成果。

管理咨询可分为以下阶段。

第一阶段是接洽咨询阶段，第二阶段是预备咨询阶段。这两个阶段，实际上更多的是管理咨询这个商业行为的商务过程。在初步接洽时，对象企业要向管理咨询公司表达有何需求，了解管理咨询公司的商业意愿；管理咨询公司研究以后回复，或进行深入的商谈。预备咨询阶段要做预备性的调研，要做竞标和商务谈判，商务谈判中包括了合同的指标、报价、实施期限等。商务沟通结束后，商务接触阶段的最后产出是签订一个管理咨询的服务合同。至此商务阶段结束，进入正式咨询阶段。

第三阶段是正式咨询阶段，包括以下环节：一要深入调查，以获取充分的信息；二要确定问题，并且分析这个问题的影响因子；三要拟订解决方案，即针对前面确定的问题，拟订解决方案；四要根据拟订的解决方案，提交咨询报告。通常咨询报告中不止一个解决方案，一定要给企业提供备选的解决方案。针对不同的情形，给出不同的备选解决方案。

第四阶段是方案实施阶段，主要有两项工作。一是培训人员，二是指导实施。再次强调，不赞成咨询与实施相分离的主张。咨询和实施是一体化的、一致化的。

第五阶段是后续服务阶段，主要要做两件事。一是回访，定期联系，了解实施的效果到底怎样。二是方案实施以后，对象组织还会遇到很多问题，要解答实施以后遇到的问题。这既是一种售后服务，也是在培育客户黏性，是对于新的咨询项目进行孕育的过程。

将管理咨询比喻为医患诊疗，看看在管理咨询过程中矛盾的动态性和认识的层次性。诊与疗有三种关系。

一是先诊后疗。医生在诊的时候要辨识并且确定问题，绝不能"情况不明决心大，问题不清办法多"。通过去粗取精、去伪存真来辨识到底有什么问题、到底是什么问题。然后对于问题进行分析，问题的形成机理、发展机理是什么。在分析问题时，医生的分析是由表及里、由此及彼。分析问题之后是解决问题。解决问题时，"三种情况三种打法"（解放战争时期四野的战术思想之一）：能直接治本的就治本；暂时不能直接治本的，就用治标来控制问题的范围、规模、程度，为寻求治本的方案争取时间；在能力和成本允许的情况下，标本兼治。

二是诊中有疗。在诊断的过程中，可能就要进行方案的初步构思了。因为有些事可能比较急，也可能比较重，要及时地控制问题的进程和危害，在诊断过程中该止血的就要止血，该清创的就要清创，要低成本地解决能够解决的问题。在诊断过程中进行治疗是一种低成本的解决问题的方式。但是关于诊中有疗，要注意是诊中的疗，本阶段的主要矛盾不是疗，本阶段的主要矛盾是诊。

三是疗中有诊。疗中有诊指的是什么？指的是新的问题总是层出不穷，矛盾是连续的、多发的，摁倒葫芦起来瓢。在企业中解决了这个问题，可能会冒出来别的问题。另外，由于认识问题的环境、手段、方法变化了，深层次问题的可认识性提高了，原来没发现的一些问题，可能现在会被发现。这也是疗中有诊的一个原因。

针对上述情况，要从复杂的现象中，正确地辨识真正的问题。所遇到的问题是不是技术问题？某些技术问题必须使用技术手段进行解决。某些管理问题也可以用技术手段解决。例如在仓储管理中使用物联网技术可以对物料进行精准定位、精准定量，在技术上可能用很小的成本就可以解决，而采用管理手段可能要花很大的管理成本。在问题辨识中，还需要弄清楚是独立系统的问题，还是关联系统的问题。例如医生经常需要判断，这是一个单科诊断，还是一个需要多科医生的会诊才能确定的问题。

1. 请自行在互联网上收集资料，试着弄清以下这些问题：①2003年到2004年之间，华为是怎样实现变轨运行的？②IBM为华为做了什么，为什么？③咨询者和被咨询者应该如何相互选择？

2. 请在互联网上自行收集和整理各种企业失败的案例。①请分析企业失败的过程和企业失败的动因，想一想能否用熵增的现象予以解释。②请收集企业成功的案例，分析它的发展过程中是否导入了负熵流，是什么形式的负熵流，以及是怎么导入的。

3. 企业在哪些情况下会产生管理咨询的需求？为什么说"外来的和尚好念经"？请结合课程内容收集一些实际案例，分别说明患病企业正确求医、不求医和乱求医的后果。

4. 中国目前的管理咨询市场具有什么特点？中国的管理咨询公司应该怎样开拓本土市场？

5. 如何认识管理咨询中"先诊后疗、诊中有疗、疗中有诊"所表达的矛盾的动态性和认识的层次性？

第2章 管理咨询中的诊断过程与诊断方法

2.1 案例——药贩子还是郎中

如同其他行业一样，管理咨询业也良莠不齐。一些管理咨询公司希望赚快钱。例如，当公司成功地开发了一个成熟的解决方案或者管理工具类的产品，咨询公司便想方设法地要卖给被咨询的企业，无论其客户企业是否真的需要这类产品。

本书第 1 章曾经将管理咨询的主客体关系比喻为医生和病人之间的关系。现在仍然沿用这一比喻，来看一看成语"对症下药"和管理咨询有什么关系。过去的江湖郎中通常手拿药葫芦或所谓的锦囊，里面常常有所谓的用祖传秘方制的特效药丸。这些人走街串巷，虽然强调专治某些顽症，如专治癣症、喘症，但是他们专治的范围比较广，专治的条件比较宽松。究其原因，这些人实际上不是郎中。他们是什么人呢？是药贩子。他们兜售这些所谓的特效药丸，无非是为了多卖、快卖、高卖，牟利而已。

时代不同了。在管理咨询市场，必须提倡一切回归专业。做医生，要做专业医生；做药师，也要去做专业药师。靠兜售已有的通用型解决方案来混迹于管理咨询市场的咨询公司是走不远的。

由于对象组织的组织目标、发展历史、管理基础、结构，甚至它们所处的环境都存在着非常大的差异，在不同的发展阶段，面临的管理瓶颈是完全不同的，不可能用一种解决方案应对所有的企业。但是，这并不意味着管理咨询的每个部分都是全新的。

20 世纪末到 21 世纪初，国家在很多企业实施 863/CIMS（计算机集成制造系统）工程。CIMS 中有一个著名的模型，叫 CIM-OSA（开放体系结构模型）。该模型指出，企业信息化有三种解决方案。第一种是通用的，就是任何企业都可以用的解决方案。例如办公自动化（OA），其企业文件处理、会议室借用、车辆调度、接待审批等功能，无论是钢铁企业、纺织企业还是贸易企业，都可以通用。第二种是部分通用，即有的企业能用、有的企业不能用。例如在石油炼化产业的生产优化系统，可能在这个行业内基本上都能用。第三种是专用的，专用方案只能针对这一家企业，是个性化、定制化的解决方案。

成语"对症下药"可以分两段来解读，一是对症，二是下药。对症的理论功底是什么呢？作为医生，必须熟知生物医学工程、生理学、力学、病理学、解剖学、影像学，还有内科学、外科学、妇科学、儿科学、骨科学等相关理论。而根据病理去分析、判断继而下药，则必须掌握另外一套理论，如生物学、化学、药理学、毒理学等。中医的道理也是一样的。中医的经脉学、辨证施治的理论等也是很重要的。在管理咨询中，经验学派也有它自身的理论支撑。一定要对症下药，先对症、后下药，弄清楚问题是什么，弄清楚要做的决策是什么。管理咨询中特别忌讳的一种情况叫作"情况不明决心大、问题不清办法多"。

一群学生跟着教授一起去公园划船。教授问学生，我们现在划船，怎么样才能更快地到达湖心岛？同学们纷纷举手，有人说要增加划船的人手，有人说要减少船上的无效载荷，有人建议使用更好的船桨，有人强调划船要有节奏，还有人说要借助风力或者要装马达。教授微微一笑："没有方向的高效率是更可怕的。你看，咱们怎么离湖心岛越来越远了？"在没搞清楚问题之前，再多的解决方案也没用。

在管理咨询市场，确实有专门卖方案、卖证书的"药贩子"。有一些咨询组织为迎合某些企业贪低价、求速效的心理需要，以类似江湖郎中的模式，兜售其特定的管理方法、管理技术、管理工具或者管理系统。这些事情的发生，反映出确实有这样的市场需求。曾经有一个企业的老总专门从顺德开车到广州找笔者咨询，问我哪一种ERP（企业资源计划系统）是最便宜的。他们在寻求解决方案时，与在市场上想要买大白菜的心理是一样的。由于有这样的市场需求，也就有一些管理咨询公司不按套路走了。这些所谓的管理咨询，既不进行系统诊断，也不进行知识转移，追求的是速效、显效。只要在短时间之内看到了效果，咨询公司拿到钱就走，这对于被咨询企业和咨询行业的长期影响是非常负面的。例如某咨询公司打出了广告："提供员工激励的全套方案"。员工激励是一个长流水、不断线的细功夫、慢活儿，这个员工激励的全套方案有没有针对性，我们无从得知。某认证公司的广告说"提供ISO9000的认证辅导（包证）"，这个"包证"可能是这个广告的关键词。某咨询公司的广告说专责精益生产推行与指导的15天专业版。15天之后企业如何持续改善？难以想象。

还有一个成语与"对症下药"含义接近——"有的放矢"。一定要明确组织的目标是什么，然后针对目标来放出解决方案的箭。军事上，交战之前要对对方进行侦察。例如作战的地形怎么样，作战区域的气象条件怎么样，交通怎么样，双方军事部署怎么样等。了解了这些情况以后，才去构思作战方案。同样的道理，管理咨询师在提出解决方案之前，必须先进行诊断，先要判断这个企业得病了吗？得了什么病或者得了哪些病？病到了什么程度？还要确定判断得病、得了什么病、到了什么程度的方法和工具是什么，判断的依据是什么。在常规情况下，管理咨询师如果能够回答上述问题，就能够应对一般的问题了。

在临床上，有一些病有可能尚未被广泛认知，即到底是什么病，医生们可能不太清楚，这种病的发病机理也不太清楚。在这种情况下，这个任务就不单纯是临床医生的任务了。从事基础医学的研究人员需要弄清这种疾病形成和发展的机理到底是什么。如此，才能让我们对疾病的认知增加一种新的知识。

在企业诊断中，要处理好一般性和特殊性的关系。通常的程序是这样的：

一是要调查对象企业的情况以发现问题。

二是按照咨询公司以往的经验，对所发现的问题进行归类。归类时，要把对象企业的问题进行一般性归类，判断问题的关键点——虽然企业的一般性问题可能是历史经验中已经存在的一般问题，但是没有一个企业其问题是和历史上别的企业完全重合的。即使同一棵树上，也不会有两片完全相同的叶子。这就是一般性中的特殊性。

三是针对关键点和特殊性，在常规解决方案的基础上来改善方案的针对性。针对每一个企业的问题，解决方案也都有自己独特的关键点。用中医的说法，就是有关键的穴位。企业的问题有特殊性，需要在常规的一般性的解决方案的基础上，进行有针对性的调整。在这个过程中，一般性的解决方案特别像中药学里的"方剂"，学中医的学生在学习期间要背很多方剂，如"桂枝汤""小柴胡汤""半夏泻心汤"等。这些汤剂已经有了固定的成分和用量。中医在临床上使用时，往往不是简单地把这个桂枝汤的方剂重新写一遍，而是要根据患者的具体情况，在方剂基础上进行增减。比如增加一两味药，或者减少一两味药，或者对某一味药在具体的用量上稍做增加或者减少。这种在方剂基础上进行增减的做法，就是特殊性。根据临床需要进行创新，才能做到药到病除。

初学者必须首先掌握一般性，在一般性和特殊性的关系中，如果不掌握一般性，直接强调创新，是无知基础上的无畏，是冒险，是莽夫。反过来，如果过分强调一般性，这是教条主义者，是书呆子。

如何通过比对分析找到不正常？如何通过演绎分析找到不合理？有时找到了不正常和不合理以后，我们会发现仍然面对的是一团乱麻。为什么呢？在企业里，不正常和不合理的事情实在太多了。

有一个来源于实际咨询中的故事。某留学归国的资深物流顾问从进现场开始，就用卷尺开始测量，然后告诉企业这个料笼不合理、那个托盘不合理，在他眼里很多地方都不合理。他所说的不合理可能都是真的。但是如果要这样去找不合理，这样去纠正不合理，可能会耗费很多精力和资源，企业并不买账。如果不在制约企业发展的瓶颈上发力，对系统地改善企业没什么实质性的帮助。

一定要从多个不正常或者不合理中，判断居于关键位置上的不正常、不合理，要找关键，不能对所有的不正常和不合理开火。除了发现关键问题，我们还要去发现科学问题。"科学问题"是什么意思呢？就是从个案中找到一般性的规律，从特殊性中找到适用于其他企业、其他场景的东西。

由解决方案的一般性和特殊性，延伸到管理咨询服务的收费问题。经过充分竞争的管理咨询服务，它的内容、质量正在逐步归一化，这也展现出解决方案一般性的一面。例如人力资源管理培训、现场5S管理培训等咨询服务项目，在市场上已经充分竞争了。市场供需双方都认可这一项咨询服务应该包含哪些内容，应该达到什么样的质量标准。有一些东西是非竞争性的，绝大多数的管理咨询服务是非竞争性的，因为其中有很多定制的内容。这时，价格与品牌、与具体的产品（解决方案）密切相关。

管理咨询业有一个新的发展趋势，是解决方案趋于免费，而针对实施进行收费。由于方案不收费，就把那些靠忽悠而没有真本事的咨询公司过滤掉了。敢接项目的咨询公司靠实施来收费，方案如果实施不下去，收不到钱，所以企业不用担心方案的实施问题。由于方案本身不收费，所以整体的收费也比传统的咨询收费要低。

2.2 发现不正常——比对法

在管理咨询中,可以用比对法发现企业中存在的各种不正常。

诊断中的"诊",就是获取对象系统的外溢信息。对象系统总是要展现出来某些外部特征,例如企业的产品产量或者销量、大致的交货周期、客户的主要类型等。对于这些外溢信息进行处理,包括整理、计算、分析,然后运用管理咨询师个人、团队乃至整个咨询组织的专业知识,对于对象系统的需求或者非正常的特征进行属性判断。在此基础上才能提出有针对性的解决方案。

有两种比对方法。第一种比对方法是横向比对。

一般情况下,如果对象企业处于成熟行业,可以选取行业内做得特别好的企业作为模板或者作为比对对象。有时咨询师也可以根据自身的知识和经验,建构一个行业的理想企业模型。横向比对法适用于重复性比较好的专项咨询。

如图2-1所示,图中有一个对象组织和一个标杆组织。对象组织是要接受咨询的企业,标杆组织或者是我们在行业内找到的标杆,或者是咨询师根据经验建构出来的标杆。咨询师通过对比、计算、模拟,把实际系统和理想系统相对照,找到不同点。

图2-1 横向比对示意图

第二种比对方法是纵向比对。

咨询师在明确了对象组织的发展目标、愿景、使命以后,以组织现状和期望状态做对比,进而找到差距、发现瓶颈。如图2-2所示,上面是企业的现状,下面是对于企业未来的一个憧憬,企业未来是什么样子,从未来回看现在的企业,这项工作就是需求分析和概念辨识。与未来的目标相比,现在还缺什么、短什么,瓶颈就找到了。

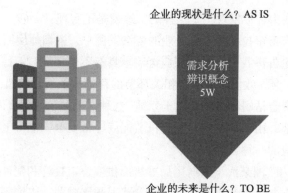

图 2-2 纵向比对示意图

下面举一个例子来对比对法进行说明。

杭州某食品公司是 T 集团在杭州设立的生产经营方便食品的企业。建立之初，急需实施一套符合公司技术特点、生产特点、市场特点以及当地地域特点的薪酬体系。事实上，T 集团在北方某大城市已经设立了类似的经营方便食品的企业，且已有 6 年的运行经验，其薪酬体系运行是非常平稳的，可以作为杭州公司薪酬体系的比对模板。受杭州公司的委托，咨询师将两家公司进行了比对，包括两家的组织结构、运营模式、职位的设置方案、职位说明书、薪酬绩点和计酬方式等，通过比对，共发现了 975 个不同点。考虑到杭州公司所在地域的薪酬水平，不同职位人才的市场竞争程度等因素，对于上述不同点进行筛查，最后确定了 116 个不正常的点，把这 116 个不正常的点归纳为 17 个问题，着重针对其中的 5 个问题进行了重新设计。

2.3 发现不合理——演绎法

演绎法通常用在何处呢？如果没有经验可循，咨询师可以对实际系统中的特征关系进行逻辑梳理。这些特征关系需要咨询师自己去提取、抽象、逻辑梳理，然后进行演绎分析，通过演绎分析就能够找到不合理。

应用演绎法的前提是存在着已知的推演逻辑。假如存在着两个相互独立的可加项 A 和 B，如果 A 是正数，B 也是正数，逻辑上，A 加上 B 应该大于 A，A 加上 B 也应该大于 B。

但是如果在实际观察中,你发现不是这样的,这就是不合理。

在浙江那家生产窗帘拉杆的五金企业的咨询案例中,咨询师使用了演绎法。

供应链管理理论告诉我们,由于供应链需求具有不确定性、不稳定性,供应链存在着牛鞭效应。牛鞭效应会导致供应链各个相关环节的存货水平不断增加,降低资金的流动性,甚至导致因为流动资金枯竭而把企业置于死地。这种情况在各种制造供应链中广泛存在着。某空调配管制造企业,由于下游的空调整机装配商经常变单,使得上游的供应商存货越来越多,也是牛鞭效应的一种表现。

这家五金企业为欧洲某大型家居用品零售商供应窗帘拉杆和配件,长期以来被客户的变单所困扰,企业在制品库存不断增加,经营状况越来越差。咨询师应邀到企业去进行诊断,考察了企业的制造现场,测算了各个工艺环节上的生产能力、库存水平、生产周期,查阅了订货台账和销售台账。经过简单计算,给企业提供了这样一些数据。

在过去这一年里,企业的平均交货周期是60天,共发生了56件变单(包括改单、退单),约占总订单81件的69.14%。也就是说,接近70%的订单都曾经改变过。由于变单造成的在制品库存和产成品库存,达到8 700万元,占年度销售收入3.48亿元的25%。根据经验,在这8 700万元库存中将会有1 200万元成为损耗,占年度毛利润的32.4%,比例非常高。

变单事件在时间上是如何分布的呢?0~20天有1件变单,21~30天有2件变单,31~40天有5件变单,41~50天有29件变单,51~60天有19件变单。

可以看到变单大致有一定的规律性,就是随着时间的流逝,变单可能性越来越大。

0~20天,变单频次占整个变单的1.79;接下来是3.57、8.93、51.79、33.93。我们可以做一个直方图,一个纵轴描述件数和频次,另外一个纵轴描述累加的频次。51~60天的累加频次是33.93%,41~50天的累加频次是85.72%,31~40天的累加频次是94.65%,21~30天的累加频次是98.22%,0~20天的累加频次就是100%了。

企业的制造准备包括采购钢管,然后验收入库、设备修检,在制造环节把买来的钢管切管,然后套扣、酸洗、水洗、磷化、电镀或烤漆;然后做两个堵头的铁艺加工、酸洗、水洗、磷化、电镀或烤漆;对固定的翼板冲压成型、毛边处理、酸洗、水洗、磷化。还有一些铁环或者塑料环的加工。最后包装集运。在各个加工环节都可能存在着出入库,有滞留,也有等待。

可以考虑用价值流图进行分析。价值流图可以提高整个工艺流程的流畅性,减少物料的滞留,降低流动资金的占用,缩短工期,平衡各个工作的中心生产能力,提高工作的中心的效率。

在51~60天、41~50天,这两个时间区间,变单的频次非常高。可以假设一下,制造准备周期和制造周期加起来能不能降到20天以下?总工期能不能降到30天以下?事实上,像这么简单的一个工艺路线,完全可以把总工期降到30天乃至20天以下。

如前所述,并不是所有的不正常都要去处理。要善于发现关键问题。怎样找到关键问题呢?

第一步,从很多杂乱的现象中归纳若干种"问题",把具有同一种属性的现象放在一起。所谓的"问题",就是对于属性相同的现象进行的具有一般性的抽象描述。在描述问题时,要注意问题的结构,例如问题的分布、问题的层次关系、问题的关联关系、问题的因果关系等。

第二步,要辨识居于关键位置的问题(关键问题可能不止一个),以及关键问题中的主要问题。

第三步,要发现主要关键问题其特殊性中的一般性。即从个案中找到科学问题。科学问题是具有一般性的。

如何快速寻找关键点?在不同的情境中,关键点可以分别是热点、痛点、兴奋点、临界点。

第一,如何寻找热点。

要根据企业表现出来的特征,对比行业规律和企业生命周期规律显示出的常见病、多发病的特征进行筛查。新企业容易出现什么问题,传统企业容易出现什么问题,炼化企业容易出现什么问题,食品企业容易出现什么问题,汽车企业容易出现什么问题等。

第二,如何寻找痛点。

寻找或者确认企业自我感受严重受挫或者发展严重受制的问题。如前所述,浙江这家五金企业的董事长感觉非常受挫的问题,就是跟客户沟通始终没有成效。表现出来的痛点和实质的痛点可能还不是一回事,事实往往隐藏在现象背后,"难以沟通"的背后是持续性的频繁"变单",难以适应"变单"的背后是"交货期过长"。

第三,如何寻找兴奋点。

寻找对于实现企业最期盼的目标有重要促进作用的问题或者企业有浓厚兴趣的问题。某特大型城市的地铁公司一直在强调"轨道"+"物业"的发展战略,但是该公司一直以来只有"轨道"没有"物业"。如果此时咨询公司提供一种解决方案,使其能够并购某大型地产企业,进行战略性资产重组,就找到了这家地铁公司的兴奋点,有可能实现其朝思暮想的"轨道"+"物业"的发展战略。

第四,如何寻找临界点。

根据对问题的规模、层次、功能、时间长度进行分析,判断这个问题是不是处于系统与局部、长期与短期、外部与内部的临界点。

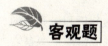
客观题

自学自测 扫描此码

2.4 问题属性与诊断目的——主要矛盾的五个维度

进行咨询诊断时,要根据问题的属性来决定采取何种解决方案。而问题的属性通常有五个维度——"重、急、大、难、新"。展开说,就是重要性、急迫性、影响性、复杂性、经常性。管理咨询要抓主要矛盾,抓主要矛盾的着眼点主要就是这五个方面。

企业诊断的产出是什么?就是找到并确定了问题——系统性或局部性的各种企业问题。诊断之后,咨询公司要提出解决方案。前述各种各样的问题,既是企业诊断这个环节的产出,也是解决方案这个环节的输入。企业问题的属性不一样,类别不一样,对于资源的要求就不一样,对于咨询效果的影响就不一样,设计和实施的方法也不一样。构思和策划解决方案的基础,是对于问题的属性作出判断。

从哪五个方面来进行分类呢?第一个方面是重要性。抽象成一个字"要"——要事;第二个方面是迫切性,"急"——急事;第三方面是影响性,"大"——大事;第四方面是复杂性,"难"——难事;第五方面是经常性,"新"——新事。

针对这五个方面,有三种不同的策略。

第一种策略是头痛医头。成语"头痛医头、脚痛医脚",多为贬义。在管理咨询公司的咨询策略中,"头痛医头"也是一种策略选择。用先表后里的方式,先把症状控制住,先做功能改善,然后再做结构改造。这种策略成本低、入手易,但是时间可能比较长。

第二种策略是直达病源、正本清源。这是根本性的解决办法,花费的时间很短,但是对咨询双方的管理实力、投入程度、组织实施等要求较高,对被咨询企业的承受能力有要求,实施风险比较大。

第三种策略是内外双修、表里兼顾。这种策略往往说起来容易、做起来难,对于企业的管理基础和实施团队都有比较高的要求。

1. 关于"要"事

管理咨询师应该首先要弄清楚什么是企业改善中的重要问题。有几个判断的准则,第一,从影响力上来判断。影响全局、影响久远、影响深刻的事,肯定是重要问题;第二,从事件链的节点属性去做判断。路径上的瓶颈点、性质上的转化点、程度上的转折点、结构上的分叉点,这些点一般情况下都是重要问题。

怎么来对待重要问题呢?通常,要把重要问题置顶;要进行最深入的分析和最充分的解决方案的设计;要选派有全局观的最得力的咨询师团队;要为这个问题的解决配置最有力的资源。重要的问题,必须要放在咨询公司领导的可视和可控的范围之内。

2. 关于"急"事

首先,要看什么是急迫的问题。在企业发展中,机不可失、时不我待、时不再来的问题都是急事;其次,对于后续的重要工作具有先决性影响的事,如果这件事不做,后面很多重要的事都会被影响,也是急迫的事。

咨询师对待急迫的问题有三种应对方法,第一种叫急事急办,第二种叫急事缓办,第三种叫缓事急办。针对了三种情况。

第一种情况,急事急办。旨在通过治标为治本赢得时间。在急事急办中又有三种策略,分别是急事先办、急事快办、急事特办。

第二种情况,急事缓办。即事虽急,但乱不得、错不得。在这种情况下,反而要慢慢地、细致地办,谨慎地、耐心地去处置。有些事既来之则安之,得病如山倒,去病如抽丝,欲速则不达,只能一点儿一点儿地办。

第三种情况,缓事急办。一些细琐的问题,如果不及时处理,它就会积压、积累、演化,通过量变引起质变。缓事急办的思想就是通过及时处理这些有可能演化成大事的小事,清理外围、减轻正面问题的压力。

重要性和急迫性有时是相联系的。在医院里也有这样的概念叫"急重症"。对象组织遇到险境或者比较严重的困境,迫切寻求外援,如销售断崖式的下滑,成本失控、人才加速流失、产品质量失控等。某大型空调企业,产能无法支持销售,在空调销售的旺季错失市场机会,严重影响企业的利润和企业的商誉。管理咨询师去企业考察后,经过访谈确定了问题——设计产能是够的,但是设计产能没能释放为实际产能。确定了问题,不等于明确了问题产生的原因和机制。这种问题已呈显性状态,大家都明白是这个问题,通过对象组织人员的自述抽象提取,非常容易辨识。但由于企业人员自身的局限性,在咨询师介入前,大家莫衷一是,一直找不出系统性的解决方案,企业果断决策由外援介入解决。

3. 关于"大"事

对于大问题的处置,策略一是抓大放小。在资源有限、精力有限的时候,只做大事,作出显示度、作出影响。有时大问题的解决,会使小问题更容易解决。在某大型空调企业的生产线平衡项目中,咨询师先做其柜机厂,然后再做其分体机车间,最后才做其窗机车间。因为在产品的产量结构中,柜机占的比重最大,其次是分体机,窗机占的比重非常小。解决了柜机的问题,就把企业最关注的问题的一大半基本上解决完了。而且从原理上看,产品复杂程度也是按照柜机、分体机、窗机降序排列的。解决了柜机的问题,窗机、分体机相比而言要简单得多。策略二是大事化小。把一个大事转变成小事去处理,其中又有几个具体的手法。第一个方法是分解,把具有可分解性的大问题转化成若干小问题分别地去解决。如快递公司最主要的问题是什么?是要解决速度问题,解决其生产周期的问题。这个问题进一步地细分,包括交通工具的问题、通信工具的问题、包装工具的问题、材料的问题、表单设计的问题、传递的问题等。这样就把一个大问题变成若干小问题。第二种方法叫化解法,对于不具有可分解性的问题逐层解决,先表层后里层,一点儿一点儿地去解决,逐渐把问题的规模变小,一直到彻底解决。

4. 关于"难"事

管理咨询师在对待复杂问题的时候,中国智慧显得特别重要。图 2-3 所示的是传统中华文化的五行图。五行彼此之间是什么关系呢？图中分别用红色的箭头和蓝色的箭头描绘其彼此之间的关系，红色的箭头表达的是相生的关系，金生水，水生木，外围讲的都是相生的关系。蓝色的箭头表达的是相克的关系，金克木，水克火。这个在企业管理咨询中给我们什么样的提示呢？复杂矛盾都是相生相克的关系。

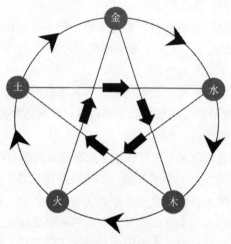

图 2-3　五行图

结合我们熟悉的案例进行理解。浙江萧山那家五金企业的董事长的难事是什么？咨询师的解决方案又是什么？针对复杂问题可以有很多策略，咨询师给出的方案实际上是"外病内治"。该公司董事长一直认为，这个难题是企业无法与下游企业沟通导致的变单问题，但管理咨询师给出来的解决方案是通过内部改进以缩短制造周期，进而缩短交货周期。

解决难事的时候，还可以应用避实就虚策略——围魏救赵策略，明明现在很着急要解决的是赵国的问题，但是我不针对赵国，我去把魏国围起来，客观上达到救赵的目的；可以采用猛攻一点策略，把所有的资源或很大一部分资源投在一点上来解决难题；可以采用固守待变策略，如果一筹莫展，什么都做不了的时候，我就固守，时间的推移会使矛盾发生变化。

企业中的难题，有时难就难在有并发症的发生。对象组织存在着多个相互交织、相互影响的问题，可能是并行的问题，也可能是某一个问题的继发或者衍生问题。例如某企业产能不稳定、供应商的供货不稳定、销售不稳定，这一下子就存在了好几个问题，到底哪一个是主要问题，哪一个是源头上的问题，不同的时间段哪个问题比较严重等，乍一看比较棘手，往往难以判断问题之间的主从关系或者因果关系，或者问题之间的关系本身就是彼此交互影响、动态演化的。

有时，难题难在企业得了慢性病。对象组织长期以来就存在这样的问题，久拖不治或者一直以来浅治、短治，治标不治本，最后久拖难治，甚至已经成为组织文化固化于组织之中了。例如供应商供货质量长期不稳定，但是属于渠道供货，多次整改也解决不了根本问题。长此以往，大家就习以为常了。问题人人皆知，天天讲、月月讲，但耐药性严重。

有时决心容易下，但办法找不到；有时因为利益关系复杂，投鼠忌器，或者后果的危害性被掩盖了。

5. 关于"新"事

与新问题相对应的是老问题。老问题是经常发生的问题，过去已经发生过的问题。作为咨询师，要了解是不是已经存在有效的经验模式。把过去的经验模式优化，把经验知识化、程序化，在解决方案中把老问题列入程序性决策，把它分配到企业的作业级、中低管理级去解决，或借助信息系统、专家系统去解决。新问题指的是什么？过去没有发生过的事。作为咨询师，可以提出初步的解决方案，继而穷尽可能性来推演不同情境下的后续解决方案。解决新问题的时候一定要在解决方案中把新问题列入非程序性的决策中，分配到战略级和中高管理级来解决。

自学自测　扫描此码

2.5　问题属性与诊断目的——不可忽视的小病、未病

2.4节提及从五个方面对问题的属性做判断："重、急、大、难、新"。

除了这五个方面以外，还有两个方面是不能忽略的。一是小病。企业患了小病、微不足道的病，对这些小病，管理咨询公司不能忽略、不能置之不理。二是企业现在可能没有患病。这两种情况下是不是管理咨询公司就可以无所作为了呢？是不是就没有用武之地了呢？不是。

其一，要正确认识并妥善处置"小病"

战略上，小问题是不能被忽视的。那么战术上，咨询师对小问题怎么进行处置呢？**策略一**是"以小见大"。当能力、时间和资源不足以直接去应对大的对象系统的时候，只能以比较短的时间、比较少的资源，先去做一些小事。成语里有这样一句话，"不积跬步，无以至千里"。不停地做小事，实际上就是积跬步以至千里，积小流以成江海。做小事，事实上是解剖麻雀、做示范工程。比如前面提及的空调企业咨询案例，当时间、资源，不足够去做所有产品的时候，能不能每一种产品只做一两个示范机型？在20世纪70年代的国际外交史上，发生过一个非常轰动的"小球推动地球"的故事，讲的是中国利用中美乒乓球运动交流推动了国际关系格局的改变，中美两个大国走在了一起。类似地，咨询师选取一个小的切入点，谋的可以是大事。**策略**二是"小题大做"。丰田汽车公司从 2010 年到现在，在全世界范围召回了超过 2 000 万辆的汽车，这几乎是丰田两年的产量。导致丰田召回事件的主要质量问题是什么？多数是机油软管、电动雨刷、脚踏板、脚垫、电动车窗等"小事"。小事真的不重要吗？"细节决定成败""千里之堤，溃于蚁穴"，小事会演变成大事。咨询师必须小题大做、防微杜渐。对象组织在不同时期，总有一些小的坎坷或者疏漏，可能看不到体制性或者结构性的问题。如某特大型城市的某条地铁线路，因为废弃的塑料袋飘挂在接触网上，导致地铁停运 30 分钟，这可能是个偶发事故，但是这个偶发事故真的是"偶发"的吗？有没有系统性的防错机制呢？

对于小问题，既不能小病大修，消耗或者占用过多的管理资源，也不能对一些潜在的系统性风险掉以轻心。小病往往是大病的先兆、预兆。管理学有一个著名的理论叫作冰山理论，即如果在水面以上看到一座冰山，实际上能看到的只是这座冰山的很小的一部分，在水面以下，还有很大一部分是没看到的。水面以上的这部分，就是我们所说的小病。咨询师一定要想一想，小问题的背后是不是存在着一个很大的问题。

其二，正确认识并妥善处置"未病"

"未病"是什么？就是还没有发展、演化成"病"的内在问题。任何组织，在其生命周期中都可能处于从健康状态到亚健康状态的进程之中。通过对于环境和管理策略的考察，可以预判在特定的地域、特定的行业、特定的发展阶段、特定的管理模式下，对象组织可能会出现什么问题。

图 2-4 描述的是人的健康周期。从健康到疾病要经过很多环节。从绿色一直到浅黄色的进程可以进行前摄性的管理，也就是进行生活方式的管理。前摄性管理做得好，就不会发展到深黄色甚至红色。到了颜色逐渐加重的时候，用生活方式管理就已经无法控制了，就必须用疾病管理的方式。"治未病"，指的是对对象组织可能出现的问题进行前摄性管理。通过生活方式管理，尽量保持健康状态。

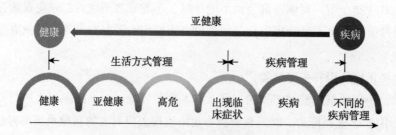

图 2-4 人的健康周期

以华为为例。20 世纪 90 年代中后期，华为处在快速发展阶段，蒸蒸日上、日新月异，每年两位数的增长。一片大好形势下，任正非多次写文章或发表讲话，向全体员工发出警示。他写过《华为的冬天》《狼来了》《下一个倒下的会是华为吗》等，不断地发警告。这就是关口前移，变事件应对型的管理为风险前摄型的管理。要做到"治未病"，需要超脱的站位、战略性的视野、敏锐的洞察力。

"未病"在中医学的经典理论《黄帝内经》中早已论及:"上医治未病,中医治欲病,下医治已病。"最好的医生是在还没病的时候来治病。管理咨询师不是简单地模仿医生,管理咨询师要做企业的健康管理师。

管理咨询师在问题的发现、辨识阶段,其面对的问题包括急迫而重要的问题、复杂交织的问题、久拖难治的问题、貌似小事的问题、没有问题的问题等。必须要提示大家,这些问题很少被咨询人员恰好遇到,需要通过调查、透过现象看本质地去发现。对于不同的组织,以及组织的不同发展阶段,咨询师需要面对不同类型的问题。咨询行为过程因问题而异,不宜机械、简单地去区分"上医""中医""下医"。

2.6 诊断的目的与诊断三部曲——调查、分析、判断

一般情况下,管理咨询的项目周期可分为三段。第一段是诊断,第二段是设计并提出解决方案,第三段是指导实施或辅导实施。诊断又可分三段——调查、分析、判断。

诊断三部曲和诊断目的是有关系的。诊断目的,一是如何治病,二是如何保健,三是如何帮助企业成长。下面进行详述。

诊断目的之一,如何治病。

管理咨询师要去分析、判断企业存在什么主要问题或短板,这种问题或者短板可能会导致什么后果,问题的主要原因和演化机理是什么。例如咨询师面对这样的问题:对某空调企业进行观察和测量,发现其生产现场工艺秩序、物流秩序、劳动组织等比较混乱,产能瓶颈导致其生产效率比较低。企业需要咨询师帮助解决这一问题。这就是"治病"的需要。

诊断目的之二,如何保健。

管理咨询师要去分析和判断企业存在什么可能的困扰与威胁,面对这些困扰和威胁应该采取什么优化措施、改造措施、改善措施或预防措施。例如咨询师面对这样的问题:某工程机械代理商受到国外品牌制造商和施工企业(工程机械的用户)两端的挤压。这种趋势还在发展,威胁着代理商生存。尽管该代理商仍然处于正常的经营状态,但如果不未雨绸缪、不进行经营调整和管理改进,很可能好日子不多了。

诊断目的之三,如何帮助企业成长。

管理咨询师要关注企业存在着哪些可能的发展机会,应优先建设或优先发展的领域有哪些，这些领域或者项目的发展前景如何。如前所述，某特大城市的地铁公司，既要从事地铁运营，又要进行新线路的建设。作为地方国企，当城市地铁建设基本饱和以后，能否走出自己的城市，向全国乃至全世界发展？这是成长的问题，而不是治病或者保健的问题。孤立封闭的发展是不可持续的，这是咨询师给这家地铁公司的意见。

企业诊断与企业中常见的质量体系审核、质量管理评审之间，有些相同点。

质量体系审核，指的是确定质量活动和有关结果是否符合计划的安排，以及这些安排是否有效地实施，并且适合于达到预定目标的系统且独立的检查。而质量管理评审，是由最高管理者就质量方针和目标对质量体系的现状与适应性进行正式的评价。质量体系审核、质量管理评审与企业诊断的共同点都是要通过调查、评价来提出问题，促使企业改进管理工作、提高管理水平、增强企业的素质。最大的不同点在于其检查评价、管理工作的范围和要求是不一样的。质量体系审核、质量管理评审的检查评价范围，仅仅限于企业质量方针和质量管理方面，其范围比较窄。而企业诊断则包括企业经营战略和生产运营的全部工作。对于企业诊断来说，其任务是诊断人员要运用通用或者专用的诊断工具，对于企业进行全面深入的调查和评价，进而得到企业诊断的结论。

有时咨询师面对的诊断需求不是增长的需求而是成长的需求，是针对未来的发展进行问题的发现工作，即上文所说的第三个诊断目的。这种咨询已经超越了传统文化中"治未病"、前摄型的思维，即咨询师不是为了治病，而是为了健身提出解决方案。

图 2-5 进一步解读了管理咨询的第三种诊断目的。图的左边是企业现状，右边描述的是企业的未来。从企业的未来回看企业的现状，可以找到现在企业有哪些不足、短板、缺陷、问题。这就是箭头标注的思维模式，叫作需求分析或者概念辨识。从现状出发指向未来的箭头是解决方案，是企业改造的技术路线图，要解决的是怎么做的问题，用到的是企业改造方法学。第三种诊断不是对现状的一种纠正，是对于基于现状、面向未来发展的一种展望、规划和设计。

图 2-5　第三种诊断目的示意图

李瑞环同志在其著作《学哲学，用哲学》中写道：有些干部，情况不明决心大，问题不清办法多，这些人害人害己、耽误事。诊断的三部曲——调查、分析、判断，就是针对这个问题的。

诊断三部曲不是简单的序贯关系。不是先做调查，调查完了去做分析，分析完了去做判断。虽然有一个前后的顺序关系，但是在进行分析的时候，有可能继续回去补充调查；在进行判断的时候，也可能继续回去做分析甚至重新做调查。例如，在分析阶段，如果认定数据或者事实不充分，需要补充或者更新数据，就要回到调查环节；如果在判断时发现判则不适用，需要修改，或者发现判据不足需要补充或者更新，都要回到分析这个环节；三个环节中，调查贯穿于发现问题的全过程，因为对任何问题的抽象都必须以事实和数据为基础。对于事实和数据，要求尽量保障真实、可靠、充分、及时、关联度高。对于二手数据，要尽量进行双渠道或多渠道比对核查，或闭环、多次核查。有时在调查时，发现资料不完整，甚至是破碎的，如果必要，要使用多源数据，即通过多个来源的数据相互进行印证，力争还原事实。进入分析乃至判断环节以后，仍然应该继续更新和补充数据。

咨询师应按照专业的咨询程序和方法进行调查。仅仅有数据是不够的，数据必须转化为有意义的信息，才能成为判据。将数据转化为信息，需要用专业的工具。在这个过程中要做三件事：一是数据的形式化，指的是把所有的数据变成一致的、可理解的表述；二是数据的有序化，指的是数据的分类、排序、截面要符合一定的规则；三是数据的结构化，指的是要找到数据和数据之间的关联关系或者因果关系。在分析时，可能要对大量甚至海量的数据进行挖掘，才能得到更有价值的信息。

在处理数据时，通常分三步走。第一步是数据信息化，对数据的形式化处理、一致化处理等；第二步是信息知识化，把有含义的数据变成知识、变成一般性的东西；第三步是知识智慧化，即把知识变成可以自动判别的准则。

实证分析或者是逻辑演绎的方法不仅用于数据处理，也可用于判则的建立和修订。

在判断时，第一种判断方法是实证判断。在信息不充分时，为了尽快收敛分析结果，通常会先进行假设，即"问题是什么"；然后通过统计学工具获取合理的样本数据，对于假设进行证实或证伪。如果被证伪了，要重新进行假设。第二种判断方法是逻辑判断，即通过事实进行逻辑推演，得出结论——"问题是什么"或"问题不是什么"。例如咨询师在对浙江萧山这家五金企业进行分析时，通过一系列的数据计算，得到判断——问题是"交货期长于 30 天导致高频变单，不是客户沟通不畅"。如果总是无法解释事实的逻辑，就有理由怀疑判据，通过专业的分析寻求判据的合理性。

某空调企业曾发生过这样的一件事。在产品的某个检验工序，用专门用于检测制冷剂泄漏的仪器进行检验，每一台都进行了很细致的检验，泄漏率等于 0。但是产品运输到某个中间节点时总是能够发现有一定比例的泄漏率。经过过滤式的排查，排除了运输过程损坏产品的可能性。这个事件就不合理了，无法解释了。此时开始怀疑判据——检验的仪器和检验的工艺。果然如此，原来是检验的仪器长期未经校验，其性能已经不正常了。

以调查和分析为主要内容的企业诊断，在企业咨询项目周期中，要求高、工作量大、视图维度多、工具丰富。

自学自测 扫描此码

2.7 获取资料

资料是事实和数据的表现形式。咨询工作必须以事实或者数据为依据，不能凭主观臆断或是凭经验估计。

资料收集的策略，第一是索取资料。索取资料有很多技能或者技巧。例如如何罗列资料清单，如何完善资料清单，如何向委托方提交资料清单等，目的都是索取资料。第二是访谈调查，其中也有一些技能，例如如何设计以及如何推演访谈的提纲。第三是问卷调查，例如如何确定问卷调查的对象，如何设立抽样方法，如何设计、发放和回收以及处理问卷等。

获取资料后，管理咨询师必须要做一致性审核，鉴定所获得资料的质量。在调查时，总是希望资料质量比较高，但实际工作中往往需要平衡，应在确保一定质量水平的基础上，兼顾调查效率和调查成本，不能只强调质量。如果只强调质量，可能使调查变得旷日持久，企业有时不允许等那么长时间，要考虑效率问题。还要考虑为了使资料达到一定的质量水平，需花多少钱，调查的预算是否支持。必须要确定一个可以接受的质量水平，以此为前提，尽量提高调查效率、降低调查成本。

对企业进行调查时所需的资料，有各种分类。不同类型的资料对于管理咨询师来说有不同的意义。以原始资料和加工资料为例，原始资料的好处是真实程度比较高、不会走形，加工资料有可能在加工时，添加了加工者的主观意识，或者在加工的过程中有遗漏、错失。但是原始资料数据量庞大，而加工资料在经过加工后缩小了范围、提高了针对性，后者可能有助于调查效率的提升。再以公开资料和内部资料为例，公开资料比较容易获得，内部资料不太容易获得；公开资料的真实程度可能比较高，但是内部资料可能揭示一些公开资料里没有的东西。作为管理咨询师，要处理好这些不同类型的资料的平衡问题。

如何获取系统的一般性信息？

对象企业的信息可以分成两大类，一类叫作一般性信息，另一类叫作专门性信息。管理咨询师在获得专门性信息之前，应该先行获得对象组织的一般性信息，这些信息通常可以通过公开渠道获得。例如企业类型、发展历史、规模、坐落地点、产品以及用途、供应商、下游用户以及相关的行业信息（行业的技术特点、经济特点、市场特点、人员特点、组织结构、文化特点等）。如同医生对病患者进行常规体检，了解病患者的体温、血压、心率，无论要看什么病，医生都要了解这些常规性身体指征。不要认为一般性信息不重要，这些信息有助于咨询师作出正确的判断。当然也必须作出提示，这些信息有可能因为咨询师的主观取向被遗漏或者被歪曲。

对一般性信息的分析有助于深化理解专门性的信息。仍然以前面引述的浙江五金企业为例。在一般性信息的获取中，可知这家五金企业的客户属性信息（欧洲最大的家居超市），在分析阶段就可以深刻地理解交货期及其影响因素。如果客户是欧洲最大的家居超市，那么一个小五金企业与客户对弈所处的地位是不言而喻的。五金企业董事长设想通过沟通使得客户今后不再变单，这个事做不到。一般性信息中有时有重要的线索。某建筑机械公司坐落在某大城市非常繁华的地段，这个信息或许就成为转型的一个重要的切入点。一般性信息在多数情况下构成方案的约束条件。但是一般性信息会随着视角变化显示不同的含义。例如某涂料公司，其产品库存管理比较混乱，不同批次的涂料运到成品库以后被随意堆放，库管员也很难清楚地掌握每一堆放地涂料的批号。从仓库出货的随意性很强，可能有一些比较早生产的涂料一直也没得到出货。在这种情况下，精益生产的专家看到的是精益化的机会，而信息化的顾问则看到了应用物联网技术进行管理的潜力。

咨询师应确定专门性调查的目的，据此设计调查的方向、方式。采集或者获取专门的信息，主要是通过有目的地研读对象组织的各种报表，例如销售报表、财务报表、各种物料或能源消耗的报告、采购报表、库存报表、生产报表等。这些报表对于咨询师而言，有些像医生给病人进行诊断时所需要的化验单、心电图、各种影像资料等。咨询师应确切地理解报表中每个字段的真实含义，理解不同的组织在编制报表时的注释或限制条件。不要因为含义不一样，或者主观、先入为主地假设了资料的含义，有时可能会错意。

咨询师是实践大师，而不是教条主义者。对于资料渠道、资料之间的关系，应采取务实的态度。咨询师还必须要使被咨询者了解信息真实性的义务。虚假的或含混不清的信息可能误导咨询师作出判断，进而损害对象组织的利益。管理咨询师要有目的、有计划地去获取对象系统的信息，例如有针对性的实地考察、实地勘验，经过充分设计的问卷调查或者访谈等。这种方式很像中医诊病的时候所用的"望、闻、问、切"。专门性信息的获取也不局限于对象组织，可以通过供应商、客户乃至政府部门来获取一些专门性信息。

以上两种采集信息的模式，并不是截然分开的，可根据情况单独或者复合地使用。有时以一种方式为主而以另外一种方式为辅，目的是获取更全面、更准确的信息。专门性资料一般情况下不是一次能够完全获得的，可能在咨询分析中还要继续收集。

2.8 企业调查参考模型

本节介绍一些企业调查的"套路",在理论上把这种"套路"叫作企业调查参考模型,如图 2-6 所示。在这个三维图上,横轴表示的是调查维度,即调查哪些方面、哪些领域,如组织、资金、流程、市场和信息等;纵轴表示的是调查方式,第三维表示的是调查深度。

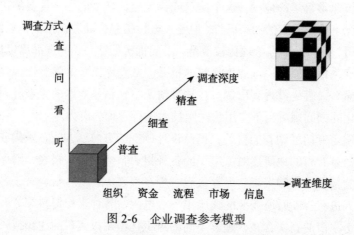

图 2-6 企业调查参考模型

从调查方式的顺序来看,有"听""看""问""查"。"听"指的是诊断人员听取被诊断工作领域有关人员按照访谈提纲所进行的介绍。这些介绍应提供书面的支撑文件、资料或者记录。例如前述的浙江这家五金企业的案例中,咨询师要倾听企业各层次人员以及客户、供应商来介绍情况、描述问题,形成谈话纪要、会议纪要等。在这个基础上,咨询人员还要到企业现场去"看",查看与被诊断工作领域有关的现场、文件资料和实物。在查看现场时,要了解工艺路线的情况、现场物料情况、零部件情况、产品结构、库存水平等。"问"指的是诊断人员在听和看的基础上提出问题,然后请有关人员来解答。为什么把调查程序设定成这样呢?原来,在听和看的时候,诊断人员基本上是被动的,在这个过程中,咨询师有可能还有一些不了解或者不理解的问题,必须在被动环节之后设计主动询问的程序。最后一个字是"查",诊断人员根据听、看、问的结果顺藤摸瓜,除了核实听、看、问的实际情况,还要沿着线索进一步深化调查。在这家五金厂,咨询师要查阅库存台账、生产台账、销售台账和订货台账等。

在调查深度上,分了三级,一是普查,二是细查,三是精查。

关于调查方式,最常见的是访谈式调查。在访谈式调查中有三种形式,分别是面谈、座谈和电话访谈。这种调查方式获取的是主观资料,缺点是耗时较长。进行访谈策划时主要需要考虑以下几点:第一是访问者,谁去访问、助手要遴选谁。访问者和助手在去调查之前要接受培训,内容包括:调查对象的身份、经历、性格特点,调查目的,调查策略等。

把问题罗列成树形结构，最主要的想要弄清楚什么问题？与该问题有关的有哪几个子问题？在主要的子问题上还有哪些子子问题？一级一级地罗列出来？要进行问话设计，一类叫作开放式问题，另外一类叫作封闭性问题。还要构想如何营造谈话的氛围，访问者和助手之间如何配合、互补，如何与被调查者互动，如何引导被调查者，如何记录，如何进行场景模拟等。

访谈式调查有些常见的问题。第一个问题是冷场，访问者提了问题以后，被访问者不说话、沉默，这是我们最不想看到的一种情况。应对方式包括换时间或者换人，例如换访问者或换其助手，看看能否通过换人打破沉闷的气氛。第二个问题是被访者编谎话。如果发现被访者说谎，访问者要陈述访谈的目的，礼貌地提醒对方，实在不行换被访者。第三个问题是被访者持续地批评别人。在这种情况下，访问者应该适当缓和气氛，但坚决不参与这种批评。第四个问题是被访者戒备，对方警惕性很高、自我防卫意识很强。此时访问者要陈述访谈的目的、原则、立场，让被访者放松戒备或者解除戒备。第五个问题是被访者跑题，此时要及时用封闭式问题来进行纠正。第六个问题是被访者钻牛角尖，咨询师要适当地应用开放式问题，引导其从牛角尖里退出来。第七个问题是被访者语意模糊，搞不清他的表达到底是什么意思，访问者要通过重述来加以确认。

除了访谈式调查以外，常见的调查方式还有问卷式调查。在问卷式调查中，一定要写好卷首语，写清楚调查的目的、意义和调查的主要内容，选择被调查者的途径和方法，对于被调查者的希望和要求，填写问卷的说明，回复问卷的方式和时间，然后还要强调一下调查的匿名和保密原则，感谢语以及调查者的署名等。在设计问题时必须简明扼要、含义清晰、没有歧义。如果是选择性问题，一定要穷尽所有的可能性。不能让填问卷的人感觉到你给的范围太窄，他想要回答的内容在你给的选择范围之外。为了方便后期的处理，通常我们要对问卷进行编码。在问卷中还要有问卷名称、被调查者编号，问卷的发放时间和回收时间，审核意见以及审核者等。

第三种调查方式是工作日写实式的调查。这种方法的要点是一定要提前熟悉观察的现场以及要观察的主要对象。在去现场之前，一定要取得主管以及被观察者的信任，不能影响对方的正常工作。要尽可能利用特定的观察工具，专业地记录资料。

在上述调查作业完成后，要与主管讨论观察的结果。尽管咨询师得到了观察的结果，但观察结果如何解释？其限制条件是什么？咨询师可能对于现场的一些资料视而不见。另外，有时咨询师的存在改变了被观察者的行为。在企业特别是在车间调查时常遇到这样的情况。如果我们很显性地站在车间里，工人注意到有人在观察甚至记录，或者发现有人在拍摄他的作业模式，这时工人的动作或行为模式可能是变形的。例如，如果他认为咨询人员在测试他时，他可能会有意拖延时间。此时可以改变一下策略，例如站位更远一些，让被观察者感受不到有人在观察。

表 2-1 是工作日写实的调查表。在这些调查结束后，一项很重要的任务是进行资料评价，咨询的质量在很大程度上取决于所获取资料的质量。评价通常有三个方面，一是进行

真伪评价，评价资料的真实性如何。通常要用一致性检验，例如根据经验进行比对，或者用逻辑验证。二是充分性评价，看看现在获取的资料数量上够不够、种类上全不全、范围上是不是已经包括了应调查的范围、时间跨度上是不是充分。三是有效性判断，无论是调查对象还是调查内容，在结构上是不是合理、是不是适用、是不是准确、是不是及时以及是不是可靠。

表 2-1　工作日写实式调查表

深圳市××区疾病预防控制中心

工作日写实记录单

共　页　第　页

被写实单位_____　　　　　　　　　　　　　　联系电话_____

单位地址_____　　　　　　　　　　　　　　　写实日期_____

评价单元	工作岗位	写实对象	工作任务1	工作时间	工作任务2	工作时间	工作任务3	工作时间	备注事项	防护情况

写实人：　　　　　　　　　　　　　　　　　　　　　陪同人（被写实单位）：

最后，不要忽略对于资料解释程序的评价。资料本身也许是没有问题的，但是如果资料的解释程序出了问题，得出来的分析结论就靠不住了。对于资料解释程序的评价，主要有三个方面，一是解释程序的准确性，二是解释程序的时效性，三是解释程序的可靠性。

客观题

自学自测　扫描此码

2.9 常用的调查工具

在企业诊断的过程中,需要采用特定的调查工具来发现问题和分析问题。实际上,管理咨询所用的工具,也是在管理的其他领域常用的工具,例如质量管理中的"老七剑"、"新七剑",散点图、排列图、直方图、控制图等,这些都是常用的获取资料、分析资料的工具。

大量的数据收集和整理,是发现问题的前提。企业存在着大量的数据,常用"5M1E"进行归类。"5M1E"是几个英文单词的首字母,即 man(人员)、machine(机械装置)、material(物料)、method(方法)、measurement(测量)、environment(环境)。有很多人习惯于以"人、机、料、法、环"来表达上述相似的要素。这些要素涉及的子要素种类繁多而且变幻莫测。在大多数情况下,数据收集和数据初步处理不是截然分开的。以检查表为例,这种工具既可以用于收集数据,通常也用于整理数据并做初步分析。

很多调查工具来自质量控制。"老七剑"有检查表、散布图、层别法、直方图、鱼骨图、帕拉图、控制图。

第一种工具是检查表。检查表是一种为系统地收集流程资料和积累数据而设计的表格或者图形。可以利用其对数据进行收集、整理和初步原因的分析。通常有两个用法——攻,可以用记录表收集数据;守,则可以用点检表预防作业漏洞。检查表的应用不拘泥于固定的格式。有机会坐飞机旅行的同学,可以观察一下客机在起飞之前和降落之后开关飞机舱门的作业——通常由两名空乘并行操作,一个在前面直接操作相关的机具,另外一个手持作业卡片大声诵读作业内容。后面每念一个条目,前面就执行一个作业,这就是用来预防作业漏洞的点检表。按照规范要求,后面这个空乘在念作业内容时眼睛必须注视前面空乘的操作是不是把这个动作完成了,动作完成后才可以去提示下一个作业。同样,高铁"复兴号""和谐号"的司机即使是独自工作,也要按照操作规范,"嘴到、眼到、手到",执行严格的点检。

表 2-2 就是一个检查表。在这个检查表里,把要检查的内容按照顺序一一排列。有时只需要在上面打个钩检查一下,有时需要给出评价。例如检查车间不同工作地的现场管理,分别给出 8 分、9 分、6 分等。

表 2-2 检查表

受检部门:　　　　检查时间:　　　　检查人:　　　　受检部门负责人:　　　　总分:

序号	检查内容	满分	得分	序号	检查内容	满分	得分
1	生产现场不应有不需要用、不急用的工具、设备;不允许有超限量的备品、备件物品;生产出场不应有与生产无关的物品,在产品直接接触区域不得存放个人物品	8		2	生产领料原则是每天用多少领多少、计划领料,剩余原料零头可以存放在现场,画线、定置定放,做好标识	4	

续表

序号	检查内容	满分	得分	序号	检查内容	满分	得分
3	车间物品摆放整齐,存放区域整洁;布局合理,确保安全生产;有用物品与无用物品分开,不得混放;现场使用的工器具用后放在规定位置,保证设备清洁	4		4	工作场所应洁净,无死角;设备表面清洁、无油污、无灰尘、无积液;工器具、料车、铲刀等不用时保持清洁,有的需要加以防护;清洁工具定置摆放,关键岗位的清洁工具要做好标识,数量要登记	8	
5	生产过程的落地料与废弃物分开放置,废弃物送到垃圾场,每天完工后清理	4		6	生产过程的落地料及时收集,以免被踩在地上,在每个工段放置垃圾桶、落地料回收桶等,落地料不允许放入洁净料中	4	
7	操作台干净,无油污、灰尘、杂物;楼梯扶手应保持清洁,无油污、灰尘;窗台无灰尘	4		8	生产现场、休息室等无长明灯、无人灯、无长流水	4	
9	工作场所不准晾晒任何衣服、鞋类等杂物;工作场所不得随地吐痰、随手扔杂物,垃圾及时清理	4		10	更衣室保持清洁,物品不零乱,垃圾当天倒掉,鞋子等不允许放在更衣柜上	4	
11	现场物料标识清楚、清晰,投料准确,投料批号与领料单一致,物料与卡上的批号、数量一致	6		12	操作记录整洁、填写及时、完整、不弄虚作假,按照要求进行更改	6	
13	所有设备不允许带病运行,做好每天维护、保养记录;维修设备的工器具、零部件及废料垃圾不能遗留在现场	4		14	设备、阀门、管线等按规定检查跑、冒、滴、漏;电源线、物料管线理顺摆放,不杂乱抛地	4	
15	计量器具保养、维护,规范使用;检定标识清晰、有效	4		16	设备及工具牌、卡完好、字迹清晰,设备及工器具标识标准	4	
17	操作现场工人应穿戴好必需的防护用品,保证产品质量;生产现场不得吃饭、吃瓜子等带壳类零食;进入GMP的人员不得一切进食及嚼口香糖等行为	8		18	现场产品有效防护,预防外来杂质进入产品;螺丝、螺母不得脱落、松动;设备、工器具等不得有油漆、焊点等杂质脱落;滤布、盖布、衣物等不得有毛线头脱落;进入GPM车间的维修工具要每次清点、记录	8	
19	生产食品添加剂生产场所的厂房、设施、设备、工器具等应该符合生产要求,定期检查、维护及进行修缮,发现有破损之处及时上报上级部门进行维护	4		20	其他	4	

　　第二种工具叫散布图。散布图是把两个可能相关的变量用点画在坐标图上,用来表示一种成对的数据之间是不是有相关性。这种成对的数据之间的关系,也许是特性和原因的关系,也许是特性和特性的关系,也许是原因和原因的关系。图 2-7 展示的就是散布图,也被称为散点图。通过散布图的形状、趋势,有时可以推测两个变量之间的关系。

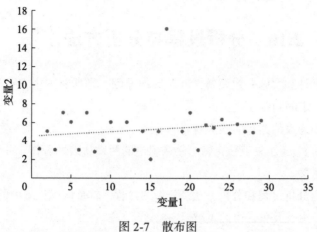

图 2-7 散布图

第三种方法叫层别法,也叫作数据分层法。其做法是把性质相同的或可以在同一条件下收集的数据归纳在一起,以便进行比较分析。例如可以按照不同的时间、不同的班次进行分层,可以按照使用设备的种类进行分层,也可以按照原材料的进料时间或者原料的成分进行分层,或者按照产品的批号进行分层、按照检查的手段进行分层、按照使用条件进行分层、按照不同的缺陷项目进行分层等。采取什么分层原则,取决于研究需要,即咨询者想要得到什么东西。

如表 2-3 所示,这里展示的是应用了层别法的列表,按照不同的作业工人(A、B、C)分别进行的统计。

表 2-3 层别法

分层调查统计数据

作业工人	抽检点数	不合格点数	个体不合格率/%	占不合格点总数百分比/%
A	20	2	10	11
B	20	4	20	22
C	20	12	60	67
合计	60	18		100

2.10 分析过程与分析方法（1）

解决方案的设计和实施一定要遵循问题导向原则，即所有解决方案都是通过调查、分析、判断所定性确定的问题而提出的。

以中国革命和建设的曲折实践为背景，毛泽东曾经写下了著名的《实践论》《人的正确思想是从哪里来的》。这是关于马克思主义认识论的两篇代表性著作，对于管理咨询的分析也具有重要指导意义。

本节主要介绍分析过程和分析方法。分析的过程，就是认识论里面的16个字——去粗取精，去伪存真，由表及里，由此及彼。

第一种分析方法叫"七何分析法"，也叫作"5W2H"分析法。这种分析方法是第二次世界大战中由美国陆军兵器修理部首创的。这种方法简单、方便、易于理解、易于使用，而且富有启发意义，广泛用于企业管理和其他的技术活动，对于决策和执行性的活动措施也非常有帮助。

如图2-8所示，"七何分析法"涉及以下概念。一是what，研究对象是什么，调查目的、分析目的、诊断目的、咨询目的分别是什么，要做什么工作；二是how，怎么做，如何提高效率，如何实施、方法是怎么样的，凡是和路径的选择、方法的选择、工具的选择有关的都列在这个条目下面；三是why，为什么，为什么要这么做、理由是什么、原因是什么、造成这样的结果是为什么，所有涉及内在原理或机理的东西都放到这个条目下面；四是when，何时，什么时间完成、什么时机最适宜；五是和时间相对应的where，何处，在哪里做、从哪里入手；六是who，谁，谁来承担、谁完成、谁负责；七是how much，多少，做到什么程度、数量如何、质量水平如何，费用和产出分别是多少。

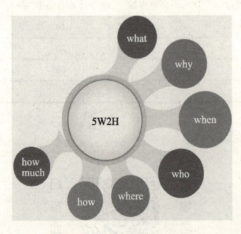

图2-8 七何分析法 5W2H

在图2-9中，标示了四个需要注意的地方。一是对象和对象属性，图的左下角what——

对象必须反复确认、非常清晰。在前面曾经提到，有一些人"情况不明决心大、问题不清办法多"，指的就是在这个地方出了问题，只有通过反复确认对象，才能够避免"无的放矢"，也避免在问题边界上混淆。二是对象属性，图的最下面的这个位置，对象属性包括种类、外在的形态、结构形式、空间、时间、数量、质量与其他对象的关系等。不同的对象属性需要不同的管理策略。三是行为主体，who，需要各相关行为主体明确角色及其责任、尽快进入角色、认领责任；四是 why，必须探究系统的内在机理是什么。管理的有效性来源于对对象系统内在机理的充分认识和把握，尽管认识这种机理需要时间，但绝不是不需要弄清楚对象系统的"科学问题"。

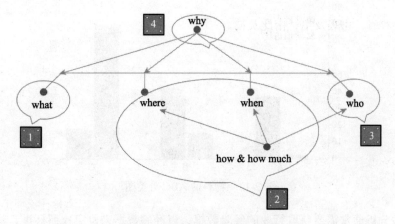

图 2-9　七何分析法的分析功能

在诊断中有两种非常重要的分析。

一是功能性分析。某些信息本身可以直接显示对象系统的属性，如库存量与库存周期的趋势图，回款率的水平及趋势图，良品率等。图 2-10 是某企业某年度库存结构图，图 2-11 是该年度的库存周转率的轨迹图，图 2-12 是物料的 ABC 分类图。通过这三张图的图形或数据能够直接判断出大致是什么问题。

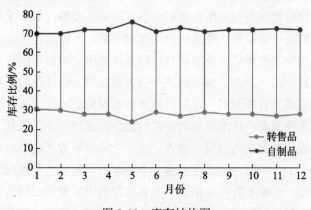

图 2-10　库存结构图

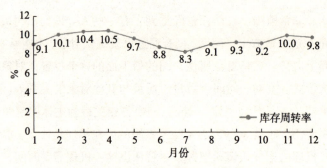

图 2-11　企业库存周转率的轨迹图

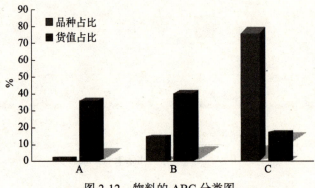

图 2-12　物料的 ABC 分类图

　　功能性分析通常需要获取行业的经验数据，以经验数据来设定比照标准，用以测量、判断对象系统的相对水平。如何进行功能性分析呢？例如某家用空调制造企业在最近三个月的按时交货率一直低于 70%，而行业的按时交货率一般能达到 90% 以上，如果没有其他的辅助信息，那么可以初步判断该企业生产系统存在着能力不足的问题。更具体地分析，有几种可能性，也许是生产系统设计产能不足，也许是设计产能足够但实际产能不足；也许是系统性的产能不足，也许仅仅是存在着产能瓶颈；还有一种可能，就是这个企业的市场能力大于生产能力，开发市场的能力超过了制造能力。

　　在这个例子中，如果增加信息的采集量，例如了解生产设施的技术和管理水平、物料的库存水平、采购物料的准时到货率；再扩大信息的采集范围，例如生产能力和市场能力的历史数据、对高管进行访谈等。随着信息灰度的减弱，可以通过排除法，进一步精准定位对象组织需要解决的主要矛盾以及问题背后的真正原因。假设原因是生产能力不足，那么生产能力不足也许归因于企业自身计划排产的方式问题，也许归因于生产能力的平衡问题，也许归因于供应商的管理问题，也许归因于物流保障的问题。跳出生产系统看，也许该企业是行业的技术领先者。技术领先者通常产品的批量比较小，总是出新产品，而新产品在市场上有一个被逐渐接受的过程。也许不止一个问题导致了这个结果，但在一个特定的阶段，不管存在多少个问题，一定存在着一个主要的问题。主导性问题的解决会大大地改善系统的运行状态。但是不要以为把这个主要问题解决了就可以安枕无忧了。这个主导性问题解决了，某个其他问题很快就成为新的主导性问题。管理也要动态跟进矛盾转化和演进，因应管理对象、管理情境的变化而调整管理的目标、任务、组织。

在企业诊断中，还大量地使用结构性分析方法。

先介绍两个相关概念。纵向数据指的是某一个观测指标的动态轨迹，如各月度库存量的动态轨迹。横向数据指的是某时点的截面数据，例如 4 月 A 空调企业库存量、B 空调企业库存量、C 空调企业库存量，将同一时点不同厂商的库存量进行比对是能够研判出重要信息的。

当采集的信息足够多时，无论是同一数据项的纵向数据，还是不同数据项的横向数据，都可以用来进行结构性分析。**结构性分析，指的是根据信息的关联特征进行分析**。例如，如果某一种商品的销售量增加了，那么它的关联信息应该是销售收入的增加；可进一步观察销售量的增率和销售收入的增率，把这两个增率也作为观测变量。销售量增加导致销售收入增加是正常的情况，可是实际采集的数据如果不是这样，那就可能意味着赊销或者是低价促销。当然，还有一种情况叫作利润转移。销售量提高了，销售收入并没有提高或者销售利润并没有提高，可能有一部分利润转移给关联的供应商了，即通过物料采购价格的提高，把利润转移给供应商。只要进一步采集应收账、价格台账和关联企业的相应资料，就可以获得真相。图 2-13 是一张结构性分析示意图，在这个图上可以看到，横轴是沿着时间的一个纵向的这样的一个趋势，纵轴是销售额和它的增长率。

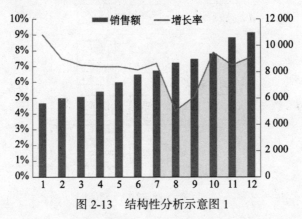

图 2-13　结构性分析示意图 1

结构性分析可以进一步分为动态结构分析和静态结构分析。图 2-14 是结构性分析示意图。

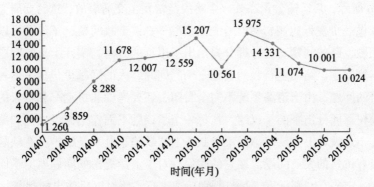

图 2-14　结构性分析示意图 2

在结构分析方法中，有一种管理咨询界很常用的工具——麦肯锡逻辑树，如图2-15所示。麦肯锡逻辑树有三个主要的组成部分，一是议题树，二是假设树，三是是否树。议题树就是把某一个事项，细分描述成有内在逻辑联系的子议题。为什么这样做？因为面对的问题可能太大，不能直接去处理。把问题分解为可以分别处理的小块，有利于操作。何时使用议题树呢？在分析问题的早期，没有可以形成假设的基础资料，这时使用议题树。假设树是假设一种解决方案并且提出足够的论据来支持或者否定这个假设。其作用是什么呢？假设树的功能是将议题较早地收敛于潜在的解决方案，有利于加快解决问题的进程。当对于情况有足够多的了解、能提出合理假设的时候，就可以使用假设树。是否树是结构分析法的底层，是否树要说明可能的决策和相关的决策标准之间的关系，它对于确定目前所做的决定有关键意义，如果对于事物及其结构有较好的理解，就可以把是否树作为沟通工具。

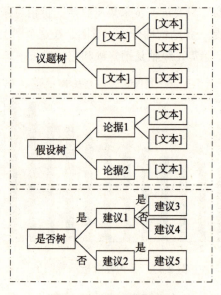

图2-15　麦肯锡逻辑树

如图2-16所示，某运输公司在某一个路段经常发生交通事故，这时要研究事故原因及其应对策略。做一个麦肯锡逻辑树。首先是议题——某事故问题，子议题可以分拆成车的问题、人的问题、路的问题。这种拆分只给出了思维的方向，实际上车的问题还可以细分为本公司的车辆问题、路面上行驶的其他车辆的问题，人的问题里包括了驾驶员的问题、其他相关人员的问题。由于道路系统不完全封闭，还要考虑非机动车和行人的问题。这一层就是在议题树下面分出来的子议题。在每一个子议题下面作出假设。例如关于本公司的车辆问题，是不是设计上有缺陷、是不是制造上有缺陷、是不是维护上有缺陷、是不是有故障、是不是有机件的失灵问题。在它的底层，对于上面提出的问题要给予回答。所回答的是或者否，一定要有判别标准，是与判别标准进行了比对以后作出的判断。

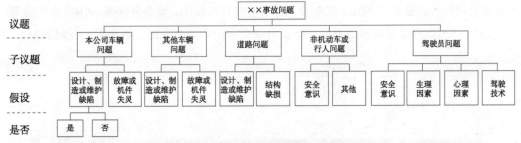

图 2-16 ××事故问题的麦肯锡逻辑树

总结一下麦肯锡逻辑树解决问题的方式。逻辑树把问题的所有子问题分层罗列,从最高层开始逐步向下扩展,把一个已知的问题当成树干,考虑和这个问题有关的其他子问题,每想到一点就给这个问题加一个树枝,大的树枝上还可以有小的树枝。以此类推,找出该问题所有相关联的项目。然后,按照分析和解决问题的过程分类,再把它分成若干假设。

麦肯锡逻辑树是非常有用的关联性分析工具。它能够帮助咨询师理清自己的思路,不进行重复和无关的思考。逻辑树能够保证解决问题的过程完整,它能够将工作细分成一些有利于操作的部分,确定各个部分的优先顺序,明确地把责任落实到个人。逻辑树是所界定的问题与议题之间的纽带,能够在解决问题的小组内建立一种共识。

可以看到结构性分析比功能性分析更复杂,需要咨询师有更多的专业经验和知识,得到的结论也更深刻。由于结构性分析更复杂,需要管理咨询业更加专门化。事实上,有一些专业细分更深入的管理咨询业务,如财务管理咨询、质量管理咨询、人力资源管理咨询、运营管理咨询、供应链管理咨询等,都是细分的管理咨询业务。像德勤等所谓的四大所,都是从事专业更加细分的管理业务。被咨询者必须明确,组织需要的是综合诊断还是专项诊断。在实际运作中,这两者不是截然分开的。

有一些管理咨询公司并不以诊断和治疗为主业,它的业务是从事专项的代理服务,如代理记账、代理报税等。这些业务不是管理咨询业的主流。

 客观题

自学自测　扫描此码

2.11　分析过程与分析方法（2）

本节主要介绍分析过程与分析方法中的另外两种方法,一是因果分析图,也叫作鱼骨

图或者石川图,如图 2-17 所示;二是排列图,也叫作柏拉图、重点分析图、ABC 分析图等,如图 2-18 所示。除了这两种工具外,学员可以自学的还有直方图、散布图、控制图等。

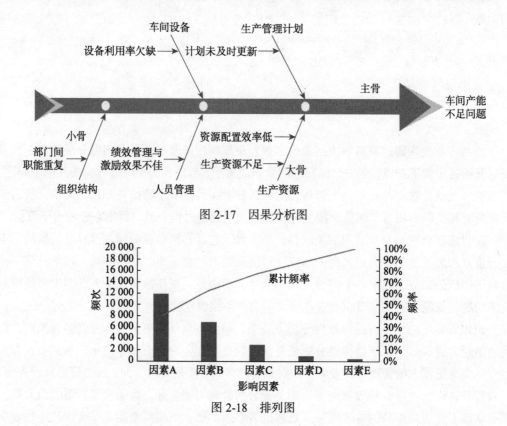

图 2-17 因果分析图

图 2-18 排列图

因果分析图是一种非常简洁实用、深入直观的分析工具。如前所述,问题的特性总是受到一些因素的影响。通过头脑风暴法可以找出这些因素,并且把这些因素及其特征值一起按照相互关联性整理为层次分明、条理清楚的图形。通过这张图可以看到影响该问题的各种因素。

因果分析图有三种主要类型,一是整理问题型鱼骨图,二是原因型鱼骨图,三是对策型鱼骨图。整理问题型鱼骨图,主要是把比较杂乱的内容按照其层级关系和关联关系,把结构构成关系理顺,各个要素和特性值之间也许不存在着因果关系,主要要解决的是结构上的构成问题。

原因型鱼骨图把鱼头画在右边,而对策型鱼骨图把鱼头画在左边。

原因型鱼骨图首先看鱼头和主骨。在这里要标出问题的特征值。如图 2-17 所示,标出来的问题特征值是车间产能不足;然后画出大骨,大骨指的是影响这个问题特征值的大的要因,例如车间现场管理的五个方面——人、机、料、法、环。在大骨上画出小骨,即小要因。在画图时注意画图的方法,主骨和大骨之间呈 60 度夹角,小骨和主骨是平行的。

如果是管理问题,通常分析的维度或大要因,包括人、事、物、财、量、质、时、空。

排列图也叫作柏拉图或者帕累托图，是按照意大利经济学家帕累托的名字来命名的。排列图是一个双直角坐标系，左边的纵坐标表示频数，右边的纵坐标表示频率，上面的折线表示的是累积频率，横坐标表示的是问题的各项影响因素，按照影响程度的大小，也就是说按照出现频数的多少，从左到右来进行排列。通过对于排列图的观察分析，可以发现影响质量或者影响问题特征值的主要因素。

某塑胶公司的注塑机换料停机时间比较长，每一次换料停机的时间是 750 分钟，其排列图如图 2-19 所示。如前所述，左边纵轴表示的是频数或者频次，右边是频率，横轴是影响因素。柱状图是按照影响因素影响的频数的多少或者影响程度的大小来排列的——烘料时间最长，在 750 分钟的停机换料时间中占到了 79.5%，也就是说有 596 分钟是用于烘料的；第二个因素是清洁干燥剂占 98 分钟，这两个因素叠加在一起，总的频率达到了 92.5%；第三个因素是清洁螺杆 26 分钟，前三个因素占掉了 96%；第四个因素开机调试 20 分钟，把前四个因素放在一起占掉了所有停机时间的 98.7%。用这样的思想，就逐渐能够理出头绪了，如果只解决前两个主要的因素，可以解决 92.5%的问题。

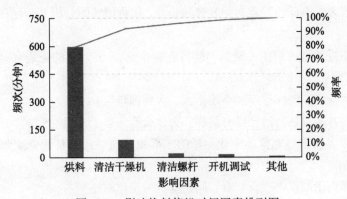

图 2-19 影响换料停机时间因素排列图

客观题

自学自测　扫描此码

互动教学实录

学生问：对待大问题中，如何理解化解中的分层？这跟分解有什么区别？
老师答：化解中的分层不同于分解。分解通常指的是按问题的结构分而解之，以整块地解决问题的各个部分为目的；化解中的分层是忽略问题的结构性，从外围开始，能解决什么就解决什么、能解决多少就解决多少，以缩小原问题的规模为目的。例如，有的企业总体上管理比较落后。设计解决方案时，可以按照体系化思想，一块一块去整顿，例如先解决流程问题，再解决组织结构问题，之后解决生产现场的精益化问题，最后解决供应商管理问题，这是分解。如果企业在各个单位从上到下建立了 QC（质量控制）小组，动员全体员工找问题、提方案，各自为战，每个小组、每个人都从身边做起、从小事做起，这就是化解。分解和化解互为补充，谁也不能取代谁。

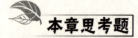

本章思考题

1. 浙江萧山的那家五金企业存在着许多不合理的点，哪个是关键点？其中的科学问题是什么？

2. 请列举使用比对法发现问题的案例，并尝试分析问题是什么。

3. 请找一家因效率低而严重制约发展的企业，用价值流图分析其问题在哪里？其一般性问题是什么？

4. 请总结不同类型的组织（例如不同行业的企业），其问题的类别有哪些？如何去发现这些类别的问题？

5. 在企业运营中，怎样理解"小病拖大、大病拖难"？

6. 管理咨询并不总是去治已经有的病。为什么要防患于未然？

7. 请用一个案例完整地描述企业诊断的三部曲。列举几个对于企业数据进行处理的例子。

8. 怎样解释企业调查中"听、看、问、查"的工作顺序？

9. 结合实例想一想，资料评价有什么作用？

10. 在企业调查中，如何使用检查表、散布图和层别法？

11. 请结合工作中遇到的问题，分别以七何分析法和麦肯锡逻辑树，对其进行分析。

12. 请查找相关资料，认真学习鱼骨图、排列图的使用方法，试着用鱼骨图对于本章描述的机动车车辆事故进行归因分析。

第3章 管理咨询中的解决方案设计

3.1 关于解决方案的认知——策划与构思

本节从策划和构思的视角研究对于解决方案的认知问题。

对于解决方案进行规划的思路是自顶向下，在确认问题根本症结的基础上，针对问题提出系统性的解决方案。系统性视角特别强调的是整体——系统中所有的部分，它们以一定的结构形式连接成为一个整体。规划着眼于整体而不是局部，因为局部最优之和不等于整体最优。

20世纪90年代的邯钢经验中有不科学的成分。例如邯钢经验强调把成本的总控目标分解到各个分厂、车间、工段、生产班组，甚至分解到每一个作业员。这种用静态结构累加的方式得到的不是整体的目标，因为成本分量和成本分量之间有交互影响，某一个成本分量下降可能会引起其他成本分量上升，而某一个成本分量上升也可能引起其他成本分量下降。如果某一个成本分量上升，带动了其他成本分量下降进而使成本总量下降，那么如前所述的局部成本分量的上升不但是可以接受的，而且是要鼓励的。

系统解决，不是头痛医头、脚痛医脚。在策划解决方案时，要考虑几个主要的方面。一是长期目标与政策，企业向哪个方向发展、为什么，通过改善要达到的长期目标是什么，企业改善的长期政策是什么等，这是策划解决方案时首先要考虑的；二是关于工作结构及考核，企业改善的工作内容是什么，这些工作内容的相互关系是什么，这些工作的进度计划怎么样，采用的方法是什么，所期望的成果是什么，何时、何地要达到这些成果；三是要考虑控制，有哪些关键点，工作团队及其责任范围，什么人控制什么事，什么人应该对什么事负责任；四是预算，企业改善的预算以及其他所需要的资源范围多大、规模多大。一般情况下，解决方案的模板有几个要素——需求分析、建议方案、方案实施的资源需求、方案实施的时间规划等。可能还有附录，主要指的是用于支持、解释、细化解决方案的材料。

需求分析包括必要性分析、合理性分析、合法性分析，在需求分析中要描述诊断过程采用了哪些诊断工具和方法。对资料的分析、关于问题本质的认识以及需求分析的结论——需要解决的主要问题、核心问题、关键问题，最终的改进目标以及每一个阶段性的改进目标。

在推荐建议中，要给出可选的解决方案。不是一个方案，一定要有至少两个解决方案可以让企业进行选择。

方案验证性分析，主要指的是损益分析和风险分析。在方案实施的资源需求中，包括了组织资源、资金预算、物质条件、外部环境等。在解决方案的构思与策划中，一定要分析问题的属性，问题的属性对于解决方案的构思和策划有长期与根本性的影响。

在20世纪40年代，有一场影响到中国前途命运的战役——孟良崮战役。华东野战军的领导人粟裕在进行问题分析时坚持了一些重要原则：第一，没有战机的时候绝不轻躁作战。当时国民党军队把共产党的军队从苏北和皖北的根据地向东、向北挤压，使得粟裕所率领的华东野战军从苏北和皖北一路退到了山东境内，部队官兵情绪都很焦躁。粟裕坚持在没有作战机会的时候绝不轻躁作战，因为敌强我弱，如果硬打肯定吃亏。第二，把握战机，灵活主动。当敌人的攻击态势稍有变化的时候，发现敌人的强中之弱，就是在气势汹汹来进犯的敌人阵营中发现并锁定暂时没有左右保护的敌74整编师，虎口拔利牙、瓮中打死鳖。第三，精于计算，细致入微。对踞守孟良崮的74师久攻不下，敌大批部队从不同方向向孟良崮靠拢，企图对华东野战军实施反包围，形势危急，华野内部要求撤出战场的声音不断。粟裕给高级军官们具体分析，每一支敌军的距离到底有多远，敌人每一支部队的实力怎么样，行进路线的地形和推进速度怎么样，每一支部队的指挥官的性格怎么样，部队和部队之间、指挥官之间的个人关系怎么样，我方打阻击的部队的伤亡和补充情况怎么样，我方攻击部队的实力和情绪怎么样等，分析非常深入细致，逻辑性非常强。问题的属性清楚了，作战的目标和策略就清楚了，这时解决方案的思路就有了。粟裕的作战目标就是坚决消灭敌攻击主力74师，策略上由过去的"打弱、打边、打散"，转移到"百万军中取上将首级"。

我军在多年与敌人交战中形成的"打弱、打边、打散"的打法，着眼于通过解决小问题为大问题的解决创造条件。粟裕反其道而行之，先解决最大最难的问题，进而彻底瓦解敌进攻态势。

在孟良崮战役中，粟裕将军耐心等待战机、敏锐辨识战机、果断把握战机、系统分析战情、灵活设计战法、全面落实战果，其分析问题、解决问题的系统视角，有助于管理咨询师理解局部视角与全局视角、短线思维与战略思维、静态策略与动态策略的差异。

解决方案应对企业进行总体把握。企业改善的总体目标和阶段性目标要明确；企业改善的总体约束和阶段性约束也要明确，约束一定要分别去描述，例如资源约束、时间约束和能力约束等。企业改善的总体策略和阶段性策略也要描述清楚，对于关键环节要进行专项治理，对于具有全局影响性的或者特殊性的关键点，要进行针对性的、定制化的方案设计。解决方案必须重视关键点的能力建设和关键点的资源保障。

关于解决方案的认知，要注意对于动态交互的发展必须要有前瞻性，不能只看静态情况，要考虑对象的变化趋势是什么——这个变化趋势是行业的趋势还是企业个体的趋势，对象内部的矛盾机制，对象之间的交互影响，对象和环境的交互影响等。

可以将企业解决方案的设计要点总结为四句话：**看本质、想整体、判趋势、抓关键**。

3.2 关于解决方案的认识——问题导向

本节以问题为导向讨论解决方案的认知问题。就解决方案的范围和深度来说，主要有五个方面的思考。一是"就事论事"，二是"借事说事"，三是"借事生事"，四是"没事找事"，五是"见机行事"。

"就事论事"，指的是考虑解决方案的范围和深度时，要有限目标、有限范围，时间要短、定位要清晰。这种思考适用于专项咨询。

"借事说事"，指的是通过解决方案对问题进行延伸。在问题判断阶段，例如判断的问题是 X，根据问题 X 提出解决方案 A，在解决方案 A 的实施中延伸出了问题 X+，这样就带出来解决方案 A+。这就是所谓的"借事说事"。

"借事生事"，指的是由此及彼、由表及里，认知的问题是 X，然后延伸到或转移到问题 Y，由此提出解决方案 A。例如，麦肯锡的合伙人拉塞尔先生当年对于某个部门的扩张机会进行咨询，但是得到的结论是这个部门应该关闭或者被出售。解决方案和问题南辕北辙。某医生在诊断某病患的头痛问题时说，"我可以治疗您的头痛，但我怀疑这是某种更严重疾病的症状。我建议做更进一步的检查"。这就是借事生事。

没事找事，指的是现在所提出的解决方案不是针对现有问题的，是对于内部存在的潜在问题的防御性解决方案，或者是对未来的演化问题的防御性解决方案。例如咨询师到某空调企业去解决生产线的平衡问题、产能的释放问题，但是咨询过程中牵连出 MRPⅡ（制造资源计划）的维护问题。针对 MRPⅡ 的维护问题所做的方案，就是一个对于潜在问题的防御性解决方案。类似的还有对于干扰、风险、突发事件的防御性解决方案。

见机行事，指的是对于当前无法预料的问题，要有情境应对型的解决方案。见机行事常用于针对突发事件的应急解决方案。企业在经营中会遇到各种各样的风险，例如外源性的风险——自然灾害、经济环境或市场环境的剧烈变化、供应链的突然变化等；内源性的风险——生产事故、运营停滞、产品事故等。企业要对风险有一定的认识。风险在演化过程中，大致要经历几个阶段——最初是风险，继续发展就成为干扰，再继续发展就是危机，危机继续发展就叫作灾害。灾害之后，可能是救治和恢复。

以经常遇到的航班延误或航班取消为例。航空气象部门注意到某个航班在其起飞机场到目的地机场之间的航路上，出现了可能影响飞行的某种天气。如果此时只是看到它有可能演化成影响飞行的天气，就叫作**风险**。风险还没有对航班形成实质性的影响。但是随着时间推移，这种影响越来越严重，天气演化的过程越来越接近于要实质性地影响飞行了，此时机场就会发出广播"我们很抱歉地通知您，因天气原因，××××航班可能不能按时起飞"，这就形成**干扰**了。一旦真的不能起飞，而且时间延续比较长，甚至航班取消了，这时就形成**危机**了。如果有大面积的航班延误，机场堆积了大量的滞留旅客，就形成**灾害**了。长时间、多航班的旅客滞留，会引起疾病传播造成的公共卫生风险或者社会性的群体聚集事件，这就是灾害。到天气逐渐正常时，逐渐恢复航班，对于聚集的人群进行疏散，对他们进行食物、饮水的救济，这是针对灾害的**救治**。航班和机场完全回到正常情况，是灾害救治的结果——**恢复**。

除了运营上的风险，常见的还有商业风险，例如企业可能面对恶意的品牌攻击，或财务上可能出现的债务失控等。面向风险的解决方案是什么呢？要编制风险清单，把可能的风险类型、规模、危害程度、范围、持续时间都罗列出来，根据风险清单来编制风险管理方案。针对哪些风险，要采取什么预防措施；针对哪些风险，要采取什么回避措施；如果既不能预防，又不能回避，那么这个风险能不能进行转移？如何进行转移，转移给谁？如果不能预防、不能回避、不能转移，能不能进行风险的分散？如果风险确实是不能回避、不能转移、不能分散的，它真实地发生了，则要考虑风险如何控制，控制其范围、程度、发展方向和发展趋势。

自学自测　扫描此码

3.3　再谈解决方案必须面向问题

在对企业进行咨询时，很多问题都是生僻的问题、新问题、非常规性的问题。对于这些问题必须反复确认，一是确认问题本身，二是确认采用的方法、路径和工具。

如图 3-1 所示，让我们看一看解决方案是如何形成的。从第一步和第二步来看，就是一个问题的集合。第三步，消除非关键问题，在工具上可以采用漏斗法，把许许多多的问题输入进去，经过过滤得到关键问题，而把非关键问题清除掉。第四步，要制订详细的工作计划。第五步，要进行关键分析。第六步，综合结果并建立有结构的结论。第七步，把前面做的这些工作整理成一套有力度的文件，然后进行循环。这样把方案推敲得更完善、更具有可行性。

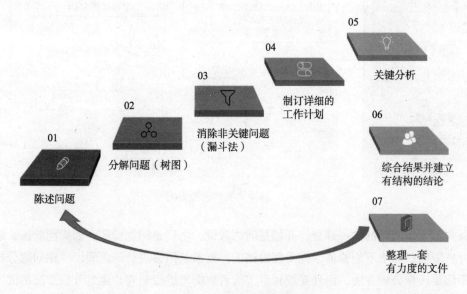

图 3-1　解决方案形成过程

具体而言，方案是如何形成的呢？

首先，一定以事实为依托。咨询师不可能是所有行业的行家里手，唯一的抓手就是事实，事实可以提高方案的可信度。

在形成方案时，通常采用头脑风暴法。应用头脑风暴法要注意，一是要做适当的事前准备，二是要保留一块思想的空白区域，要把所有所谓的预见、先见去掉。任正非说过，一个杯子只有被倒空了，才有可能装进去新的水。三是由于头脑风暴法是一群人的团队行为，所以要注意掌控活跃的会场。

在方案形成过程中，要注意麦肯锡方法中有一个非常重要的法则是 MECE（Mutually exclusive collectively exhaustive，相互独立，完全穷尽），该法则指的是对于一个议题，要做到不重叠、不遗漏地分类，并借此有效把握问题的核心，进而有效解决问题。

可以在确立主要问题的基础上，逐个向下、层层分解，直到所有的疑问都找到。通过问题的层层分解，可以分析出关键问题，得到初步解决问题的思路。也可以结合头脑风暴法找到主要问题，然后在不考虑现有资源限制的基础上，考虑解决该问题的所有可能的方法。在这个过程中，要特别注意多种方法的结合，分析每一种解决方法所需要的各种资源。通过比较分析，从上述多种方案中找到目前状况下最现实、最令人满意的答案——解决方案。

把图 3-2 分成两部分，一部分是发现问题，另外一部分是解决问题。

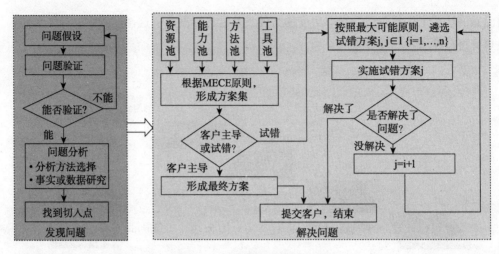

图 3-2 解决方案的问题导向

首先看发现问题的这一部分。开始是问题假设,之后是问题验证。如果能验证,进入问题分析阶段;如果不能验证,说明假设错了,要重新回去进行问题假设。在问题分析阶段,不但要选择分析方法,而且要找到事实或者数据来进行研究。通过分析方法的选择和事实、数据的研究来找到切入点。

问题被发现以后,接下来就是图的右边——问题的解决。分别从资源池、能力池、方法池、工具池中形成方案集。在形成方案时,一定按照 MECE 原则,就是"相互独立,完全穷尽"的原则来形成不同的方案。按照客户主导的原则,或者按照试错的原则,对这些方案进行筛选。如果是客户主导,直接形成最终方案;如果是试错法,按照最大可能原则遴选试错方案。

3.4 选好解决方案的切入点

丁佰胜:李老师,我们的顾问对企业诊断之后,设计了几个因应不同问题、具有不同特点的解决方案。下一步,应该如何选择一个好的切入点?

李从东:这是一个实战性非常强的问题。通常在选择切入点时,要根据企业的需求,短期、长期相结合。有的时候选的是痛点，企业现在正在出血，需要马上止血；有的时候选的是热点，很多同行业的企业可能都有同样的需求；有的时候选择的是难点，也就是企业一直解决不了的问题、很复杂的问题。咨询师要根据实际情况，判断轻重缓急，通过了解企业对这个需求的渴望程度来选择切入点。

正确地选择切入点是非常重要的，"好的开头是成功的一半"。制订方案时的切入点，可以是热点、痛点、难点、敏感点或者是关键点。

一般情况下，热点指的是行业的阶段性共性需求或企业阶段性的中心工作。解决方案既要立足于长期治本，也要策略性地治标，因而有时须迎合企业短期需要而进行项目规划和组织推进。热点项目在实施时必须速战速决，因为热点可能因时而异。企业这个阶段的中心工作可能是销量问题，而下一个阶段的中心工作可能是质量问题。热点项目还必须立竿见影。咨询公司在热点上建立功绩、取得绩效可以提高声誉，有助于全面推进与被咨询企业的合作。在一般情况下，哪些项目可能成为热点呢？年初抓新——新客户、新市场、新产品，年底冲量——冲销量、保份额。在竞争白热化的状态下，要抓关键的竞争节点。

痛点一般指的是对企业负面影响大、刺激性强的点。解决方案从痛点切入，可以减缓疼痛或者止痛，但不一定能从根本上解决问题。企业的哪些地方可能成为痛点呢？某种资源或能力的突然短缺可能导致企业严重受创，或者竞争瓶颈点能力不足，或者突发了负面的舆情，或者反复发作的安全事故，或者质量缺陷，或者重要的项目长时间不能交工，这些都有可能是企业的痛点。

难点指的是久拖不决，或者久治不愈的问题。例如1947年我军在孟良崮战役中为什么要主动选择敌74整编师实施"虎口拔利牙"？一方面，在此前敌74整编师曾在苏北给华东野战军造成长期的伤痛，解决74师可以在战略上打击敌人的进攻态势、鼓舞我军的斗志和信心；另一方面，敌74师在渡过汶河之后，进攻态势突出，两翼敌25师、敌83师由于跟进不及时而与敌74师有了间隙，在我军防御正面出现了稍纵即逝的穿插战机。这促使粟裕将军改变了我军传统的"打弱""打边""打散"的战法，不捏软柿子，"虎口拔利牙"。陈毅同志也十分支持这种"百万军中取上将首级"的打法。这是典型的把"难点"当作切入点的案例。事实上，孟良崮战役虽然打得十分艰苦、惊险，但结局十分精彩，完整地消灭了敌74师这支"主力中的主力"，严重挫败了国民党军的进攻气焰和作战士气。解决方案如果选择难点作为切入点，必须要注意，一是决断要慎重，要考虑是不是有足够的资源和足够的能力来攻坚克难，敌人45万人进攻，我方30万人应对，看起来我军资源和能力严重不足，但在局部战场，我军1、4、6、8、9五个纵队10万人进攻敌74师3万人，又有局部的资源和能力优势。二是布局要全面，解决难点需要做哪些前期工作和外围工作，例如孟良崮战役中来自敌人后方的华野6纵率先攻取了敌74师的粮草辎重大本营垛庄，断了敌74师的后路，是全歼敌74师的关键。三是出手要精准，难点问题的解决往往需要契机，有契机的时候，时不我待，时不再来，敌74师与敌25师、敌83师刚刚形成空隙，粟

第3章　管理咨询中的解决方案设计

裕立即决定派部队穿插，将敌人分割、包围。四是要有定力和韧性，胜利的关键往往就在于坚持之中，例如孟良崮战役打到第二个晚上，攻击敌74师阵地的进展缓慢，而敌人援军的炮声越来越近，华野有些将领慑于被敌人反包围的风险而有了停止进攻、撤退自保的念头，此时的陈毅、粟裕显现出坚定的决心，在双方都人困马乏、粮弹不济的关口不但不停下来，而且发动更猛烈的进攻，促使敌人在精神上率先崩溃，终于在敌人援军到达前的两个小时完胜敌74师并从容撤出战场。

敏感点指的是作用显著的点。管理咨询中企业的敏感点可以类比为中医中的人体穴位。按照中医治疗理论，有两种取穴方法。一是循经取穴。其原意指在人体某个脏腑发生病变的时候，选取病变脏腑的本经穴位进行敷药、针刺或者推拿的治疗方法，例如前头痛，可以选择阳明经外的合谷穴和内廷穴。引申的管理意义是局部问题要找到问题的发生、演化机理和关键的影响因素。仍以孟良崮战役为例，敌74师失守垛庄是其全军覆灭的核心要素，也是华野成就英雄孟良崮的关键之关键。随症取穴指的是针对某些全身症状的病因病理取穴治疗的方法，一般情况下，适用于无法确定病变部位而无法应用循经取穴方法时。如因心肾不交引起的失眠，可取心经、肾经的神门穴、太溪穴。其引申意义是全局性问题要根据问题属性选择切入点，例如全局性产能不足而引起的交货延误，一般与系统性物流不畅有关，面向效率提升的精益改善往往有助于解决此类问题。

关键点指的是对于绩效影响处于系统的瓶颈位置或薄弱环节上的问题。例如某城市在和主要干道相通的某大型医院停车场，由于其容纳能力太小，很多到该医院来就诊的病患车辆不能及时地停进去，其入口经常发生交通堵塞，直接影响到了干道的通畅程度。如果能把这个停车场的问题解决了，疏通小小一点就可以惠及全局。在解决关键点问题时，通常的思路是从非关键点上获取冗余资源，配置到关键点上以获得关键绩效的改善。仍看前例，医院的停车场属于院方所有，但是交通干道属于市政交通设施，如果市政府能够打破所有制的壁垒，把属于市政府支配的一些公共冗余资源用于解决医院停车场的问题，实际上受惠的是整个干道的交通通畅。

上述各点可能是重合的，例如某企业的产品质量问题，它既是热点也是痛点和难点。某品牌空调，近期顾客的投诉比较多，影响了客户的下单意愿，严重拖累了销售，销售被拖累了就是痛点。企业发动了提质增效春季战役，这就是一个时段式的热点。事实上产品质量，特别是U型管的焊接质量是一个老大难问题，涉及的因素多、解决难，有物料品质的问题、工厂的品保体制问题、员工的培训问题、成本的控制问题、检验检测的仪器问题等。有很多问题混杂、缠绕在一起。选择切入点时需要经验积累，从什么地方着眼，从什么地方入手，因对象企业而异，因咨询团队而异，因咨询目标和咨询策略而异。

切入点的选择有三个重要的关联，既要与对象企业的管理基础、企业文化相联系，也要与自身团队的权威度或者影响力、对方案的实施能力相联系，更要与解决方案的设计策略和实施策略相联系。

3.5 解决方案的结构化

丁佰胜：李老师，我们在企业诊断过程中，找到了问题，也设计了解决方案。那么这个解决方案如何推介给客户，如何让客户认同这个方案，您有没有好的方法和建议？

李从东：丁总，这是一个很好的问题。如果我们提出了一个自认为很好的解决方案，但是如果客户不接受，那就等于什么也没做，客户不接受的解决方案没有价值、没有意义。所以我们一定要设计一些方法，让客户理解、认同、接受解决方案。

本节主要介绍解决方案的结构化。什么是结构化？结构化就是解析解决方案，既能够找到整体中的各个部分，也能够找到部分之间的相互关系。结构化思维的本质是逻辑。解决方案结构化的目的就在于从不同的维度找到总体与部分、部分与部分之间的各种关联关系，使咨询师对于问题的思考更加完整，更有条理。

图 3-3 给出了解决方案的四个结构维度，分别是过程结构化、组织结构化、任务结构化和资源结构化。

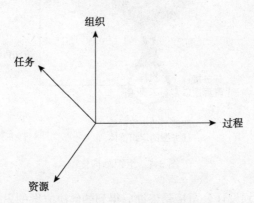

图 3-3　解决方案的四个结构维度

过程结构化指的是按照解决方案的生命周期来审视解决方案，分多少阶段或多少环节。其中，第一个环节是对于在诊断过程中发现的企业问题进行描述，要凸显其中的主要问题以及这个问题的属性；第二个环节，在问题描述的基础上，做问题分析，应用特定的分析方法找到问题的机理和主要的影响因素；第三个环节是方案的规划和设计，应用特定的设计方法来形成解决方案；第四个环节是方案评估，应用评估方法对于方案的可行性、风险性进行评估；第五个环节是方案的修正，根据可行性和风险性的评估结果来修正方案；方案修正之后，就进入方案实施阶段，责任主体按照进度计划，单独地或者协调地完成任务。有时责任主体是按照进度计划单独地实施方案，有时是多个责任主体按照分工协调地完成任务；最后一个阶段是方案的绩效评价与改进，对于方案本身以及过程进行评价，为后续的改进提供方向。过程结构化是解决方案四个结构维度中最重要的一个维度，过程结构决定着任务结构、组织结构和资源结构。

图 3-4 表达的是组织结构化。围绕着咨询项目的过程和过程属性，有四个主体——自上而下地看，最上面是决策主体，下面是执行主体，左边是监督考核主体，右边是咨询主体。其中对于对象企业来说，主要是纵向的维度，也就是决策主体和执行主体，而执行主体又包括了职能型的组织群体或者是任务型的组织群体。任何组织在执行任务的过程中必须要有任务接口和资源接口，这关联到另外两个维度。在图 3-4 上，主要看的是各个主体以及组织和过程之间的关系，组织和任务之间的关系，组织和资源之间的关系。

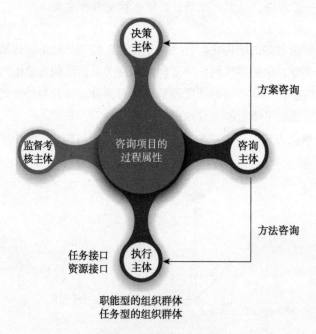

图 3-4　组织结构化

图 3-5 是某电信规划设计公司接受咨询后得到的解决方案的思想框架。该咨询项目的任务是在"基于市场，面向客户"的战略下如何设计一个客户-市场团队。这是组织结构化一个具体的例子。重点看图上的两个经理职位，一个叫客户经理，一个叫业务经理。客户经理的职责主要是开拓市场，即开拓新的业务或者是新的客户。而业务经理的职责主要是

维持原有的订单,维持原有的销售。其他的组织都是支持性组织。执行的主体主要就是这两个经理。

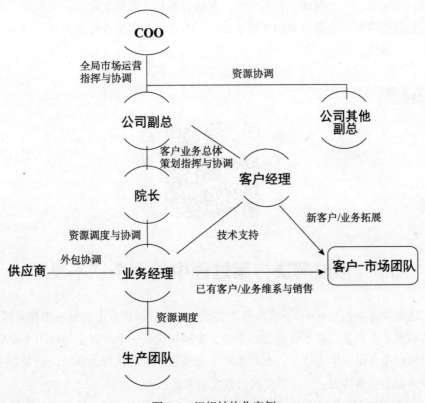

图 3-5　组织结构化实例

任务结构化要首先认识任务的过程属性。任务过程属性指的是任务的种类、任务的目的、任务的方法和任务的绩效标准。在任务结构化中,要注意多任务并行时其时间逻辑和时间负荷标准。通常不是一个任务,可能同时有很多任务。此时要弄清任务之间的时间逻辑,是时间上的并行关系还是时间上的前后关系,以及每一项子任务的时间负荷标准。对于每一个子任务而言,弄清其逻辑关系,也就是子任务和子任务之间的紧前与紧后关系。任务结构也有与资源的接口、与组织的接口,在项目管理中,工作分解结构(work breakdown structure,WBS)就是任务结构化的一种表述方式。

如何认识资源结构化呢?根据资源的过程属性对资源进行分析,包括资源的种类、品质、属性、质量等级、资源数量、资源和资源之间的配比关系、资源的状态和时空位置的动态关系、资源的获得方式等。关于资源状态的描述和资源方式的描述,分为在途、在库、在制,获得方式里包括采购、配给、依法征用等。资源也有组织接口和任务接口。

对象组织的问题多是一团相互纠缠、纵横交织的乱麻,非常混乱、非常复杂,咨询师必须要理清其内在的关系。"结构化"里面的结构,不是解构,不是简单地拆开。结构化的思维不是对于问题机械、简单地进行肢解,而是要帮助对象企业找到线头、理清思路,找

第 3 章　管理咨询中的解决方案设计

到事物之间本来就有的相互联系。

解决方案的结构化，必须按照整分合原则来进行。所谓的整分合原则，整是前提，解决方案是一个系统、一个整体；分是关键，解决方案这个整体太庞大、太复杂了，要把它分解开，也就是说每一个部分要相互独立，所有的部分加起来要完全穷尽；合则是目标，最终还是一个整体。

3.6 形成解决方案过程中的六个"不要"

在形成解决方案的过程中，有哪些事不能做呢？制订解决方案的每一步都有可能走偏，而走偏的后果非常严重。对于咨询公司来说，走偏仅仅是一个方案上的缺陷或者缺失，但是对于对象企业来说，生死攸关。本书在第 1 章关于不要不当导入负熵流的警告中，已经列举了咨询史上很多咨询公司败走麦城的真实的事例。

第一，管理咨询的解决方案不要逐项定制。在管理咨询市场上，对象企业的很多问题都是相同或者相似的，绝大多数问题是常见病、多发病，大多数管理问题解决方案的共同点远远多于不同点。对于管理咨询公司来说，这意味着只需要很少的手段和方法就可以解决多数问题。用二八法则来说，80%的问题可以用 20%的手段和方法来解决。管理咨询公司要善于搜寻、借鉴前人的经验、本咨询公司已经做过的案例、其他公司做过的案例以及企业自身解决的案例，这种搜寻和借鉴必将事半功倍。如果忽略了前人已经做过的工作，不去借鉴别人已有的成果，那么管理咨询公司的解决方案的性价比一定是不理想的，而这种低效必然让管理咨询的双方都付出代价——时间上的浪费和金钱上的损失。

第二，不要相信直觉。有些问题虽然是相似的，但也要注意到有细节上的差异，相似的问题不意味着有相同的解决方案。随着咨询师经验的积累，有些咨询师的直觉也许是对的，但是从理性上说，信任必须验证，必须花时间通过事实来验证方案。

第三，不要为已有的方案找"科学依据"。有时咨询师会作出来特别漂亮的初始假设，这些假设有可能获得大家的鼓掌、喝彩，这些初始假设见解深刻、新颖独特。但必须要有心理准备，必须时刻准备接受"你是错的"的事实。必须按照程序，要有一定的事实依据来提出初始假设，之后还要进行验证。千万不能把事实搞碎了硬塞进方案里。有些咨询师为了维护最初的假设，在没得到验证的情况下把事实扭曲了硬塞进去，这是注定要失败的。在现实生活中，有一些管理咨询项目是违反咨询程序的，咨询公司往往是被企业找来"走程序"的，即企业已经决定要做什么事，咨询公司为了钱装模作样地为已经存在的方案进行"科学研究"、找"科学依据"，这样做对双方都是十分有害的。

第四，不要不顾及客户的基础和实施条件。在进行管理咨询时，必须要考察客户企业的基础和实施条件，包括客户企业的技术基础、管理基础、文化基础等各个方面，以及该企业是不是有实施方案的能力。如果客户企业没有能力去实施解决方案，一切美好的设计都等于空中楼阁。而能力附着于能力载体。本书在第 1 章曾介绍过麦肯锡和实达的故事，麦肯锡给实达提了两个解决方案，实达接受了第一方案，实施不到一年，给实达造成多达一个亿的经济损失，实达从此一蹶不振。问题出在什么地方，是麦肯锡的方案有问题吗？方案没问题，出问题的是实达的基础，其管理基础、文化基础不足以支撑实施麦肯锡提出的第一方案，因为第一方案过于激进了，需要管理基础非常好的企业才能够去实施。

第五，不要过度论证。有一个咨询师天天熬夜，要为已经足以证明的方案再找新的实施意义，总觉着需要再找一些事实来支撑方案。事实充分到足以证明就够了，任何过度地寻找事实，都是在浪费弥足珍贵的时间和精力。任何人都不可能做到完全充分，况且方案的实施时机稍纵即逝。有时解决方案的最优解是不存在的，按照赫伯特·A. 西蒙教授的满意决策思想，针对复杂问题，找到满意解就可以了。习近平也指出，"提出改革举措当然要慎重，要反复研究、反复论证，但也不能因此就谨小慎微、裹足不前，什么也不敢干、不敢试。……只要经过了充分论证和评估，只要是符合实际、必须做的，该干的还是要大胆干"①。

第六，不要试图用新的错误掩盖已有的错误。对于客户和团队内部的伙伴，如果确实是咨询师错了，自己勇于承认缺陷的代价远远小于虚张声势的代价。如果发现自己的解决方案确实有一定的缺陷，要勇于承认而不要去遮掩这个缺陷，因为这种遮掩可能带来的后果会非常严重，最终是遮不住的，会给管理咨询的双方都来带巨大损失。

 客观题

自学自测　扫描此码

---

① 习近平：《关于〈中共中央关于全面深化改革若干重大问题的决定〉的说明》（2013 年 11 月 9 日），《人民日报》，2013 年 11 月 16 日。

互动教学实录

学生问：老师，请问"不要寻找事实支撑你的方案"是完全不要找还是只是不可把事实捣碎硬塞进方案？为什么呢？

老师答：先有事实，后有方案，解决方案的制订源于对通过调查得到的事实资料的分析和判断。我们不是不要事实，而是不能为了支持自己看上去很完美的方案而刻意地"寻找"事实，我们坚决反对对事实进行拆解、拼凑或扭曲以迎合方案的需要。事实不能被用来解释、支持方案。事实应该在更早的时候用来制订方案或修订方案。

学生问：老师，请问关键点和敏感点如何区分？

老师答：如课程中所述，关键点指的是瓶颈，敏感点指的是对解决方案的措施其作用显著的点。关键点的视角是针对问题本身，而敏感点关注的是实施解决方案效果的显示度。由于不是一个话语体系，所以有时二者可以重合。以针灸为例。某病患长期以来手脚冰冷，中医经过望、闻、问、切，诊断为"气血亏虚"，解决问题的关键在于疏通血脉。但有的病患对针刺"足三里""内关"穴位敏感，而有的病人则对针刺"涌泉穴"敏感。

 本章思考题

1. 怎样理解在构思解决方案时的系统性思维？
2. 由于解决方案的复杂性，解决方案可能直接针对问题，但也可能不直接针对问题。那么，不直接针对问题的解决方案，还能叫作问题导向吗？
3. 怎样理解形成解决方案时的 MECE 原则？
4. 请认真体会由不同的切入点所对应的解决方案分别面向了哪些类型的问题。
5. 怎样理解解决方案结构化思维中的整分合原理？
6. 由于咨询实施后果的严重性和长期性，解决方案的制订必须科学、合理、实事求是，请分别设想违反六个"不要"的后果。

第4章 管理咨询中的解决方案实施

4.1 如何推介解决方案

创立了"丰田生产方式"的大野耐一说过,"不被客户接纳的,就是没有价值的"。解决方案是咨询公司的阶段性成果,成果必须面向客户,被客户接受直到付诸实施,才能完成完整的管理咨询过程。咨询师不能满足于设计了精美的解决方案,要促成企业理解、接受解决方案,而这个过程不会自动发生,需要进行全周期的方案推介系统设计。

管理咨询的解决方案如何才能被客户接纳呢?

一是要进行主动推介。并不是在解决方案形成以后才去进行方案的推介,推介贯穿于管理咨询的全过程。方案推介的基础是要取得客户的信任。信任有三个主要来源:①咨询公司的品牌影响力。大的管理咨询品牌,比如麦肯锡、罗兰贝格、埃森哲,或者如财务管理领域的"四大",或者IBM……其品牌代表着咨询实力,品牌影响力是信任的最大来源。②咨询团队的既往成果以及在业内的口碑,一些咨询公司在特定的领域有非常强大的影响力,例如有的咨询公司专注于石油炼化生产优化调度,有的咨询公司专注于高层级人力资源服务。③咨询师个人的职业能力展示,也许是咨询师以往的成绩,也许是从该咨询师进入对象企业那一刻起,其职业能力已经被客户看在眼里、记在心里,信任感就是这样建立起来的。

二是要进行培训。培训是方案推介不可或缺的组成部分。与方案有关的所有知识都要分阶段、分层次地让客户入眼、入脑、入心。这三个"入"本身也是分层次的——入眼,就是让受众了解;入脑,就是让受众记住;入心,就是让受众接受。通过逐步升级的培训,要使客户对于方案充满期待,而且坚信不疑。

三是基于事实的严谨分析。任何客户都知道,只要具备了好的设计、好的工匠、好的材料、正确的工艺这四个条件,就比较容易相信这是一个好的产品。客户全程参与解决方案的制订过程,这本身就是一个细腻的方案推介过程。

四是向客户汇报,这是系统化的推介模式。汇报有两种主要形式,一是正式汇报,二是非正式汇报。正式汇报又有两种方式,一种是面对面的圆桌会议,另一种是书面表述,也称蓝皮书。上述汇报形式须经过系统设计和精心准备,分别在不同情境下使用。

五是非正式沟通也是非常重要的,有时比正式汇报还要重要。很多客户在听取正式汇报之前就已经有了倾向性,实际上是受到了来自不同方面非正式沟通的影响所导致的。非正式沟通有哪些形式呢?电话、白板、草图、草表、跟客户进行当面讨论,都属于非正式汇报。如何向客户传递信息呢?第一,咨询师的逻辑框架一定要清晰,比较忌讳的是目标不清、层次不明、逻辑混乱,这不是口才问题。第二,咨询师的表达要言简意赅。可以用沟通管理中著名的"电梯法则"来思考，假设咨询师跟客户乘坐同一部电梯，出了电梯各走各的路，要在电梯里利用这一两分钟的时间抓住客户的心。要充分了解对方的关切，汇报之前要做事先的沟通，沟通的时候要简明、要突出重点，要兼顾静态和动态的发展。

推介解决方案时，要体现出结构化思考的四个基本原则：一是先从结论讲起，中心开花；二是逐层渐次展开，有条有理；三是尽量简单化而非复杂化，简单的就是最好的；四是亮点检验，把最想传递的信息突出出来。根据上述原则，推介时要注意起承转合，比如从什么地方切入，创造出哪些关联的主题，怎样提出问题，怎样进行方案的阐述等。

推介解决方案时，还要注意形象化的表达，目的是要吸引客户注意。常用的表达技巧包括对比、重复、比喻。使用"对比"技巧时一定要反差比较强烈，例如开场就是设问句："为什么一些社会责任感很强的企业也会有失责行为"？企业有社会责任感但又有失责行为，这叫"知行不一"——观念和行为相脱节，从而形成强烈的对比。使用"重复"技巧指的是意思上的重复，不是语句上的重复。使用"比喻"技巧时必须是贴切的比喻，千万不可弄巧成拙。

向客户推介解决方案，就像讲一个动听的故事。好的故事要有悬疑、要有情境、要有冲突。对解决方案进行适当的戏剧化处理，就是要带着管理情境、带着管理悬疑、带着管理冲突。当然戏剧化的解决方案并不是忽悠，离不开事实和逻辑的支撑。

在向客户企业汇报时，无论是书面材料还是会议表达，图形比表格好，表格比文字好。建议使用三种图：一是概念图，用概念图明确解决方案中的顺序关系、并列关系和包含关系；二是比喻图，用比喻图提出问题、比较方案和分析风险；三是数据图，使用数据图来进行罗列、比对和强调。

咨询师推介解决方案时，一定要谨言慎行。一是对客户要谨慎承诺，不说没有余地的话；二是不在客户面前谈论其他客户，不在团队外谈及客户和工作细节；三是要妥善保管客户的资料，确保电脑和电子媒介、传真、电子邮件、电话等资料载体的安全性。

为了促成客户对于解决方案的深入理解，要让被咨询者积极而且结构化地参与。通常客户和咨询师各有一个团队，要创造条件使这两个团队耦合成一个团队，自上而下，专兼职结合、各个层级结合，通过"问题（需求）—目标—任务—组织"模式，以定期会商的模式，使客户从需求分析阶段就深度参与进来。培训，即通过知识转移以授人以渔，也是促使客户深入理解解决方案的重要途径。

客观题

4.2 方案实施中的主客体关系

丁佰盛：李老师，在咨询中，我们找到了客户企业的问题，有针对性地提出了解决方案，也寻找了很多切入点。但有个躲不开的问题，在方案实施中，谁占主导地位？谁是解决问题的主体？我想就这个问题听听您的意见。

李从东：这实际上是在实践中长期困扰企业和咨询公司的一个问题。在很多案例中，咨询公司和企业之间理不顺这个关系，企业认为自己是甲方，当然有权力决定怎么做；咨询公司认为这不是简单的甲乙方关系，是医患关系。依我的看法，在咨询中，咨询公司是咨询活动的主体；但是在咨询实施中，企业才是咨询实施的主体。

在方案实施的过程中，管理咨询师和被咨询企业之间的关系直接关系到管理咨询的成败。管理咨询师既不能缺位，但更不能越位。这就需要正确地为主客体的角色来定位。

如前所述，咨询公司和咨询公司的团队是咨询活动的主体，相当于医患关系中的医生。第 1 章曾论及对于管理咨询师的要求，即管理咨询师要有超脱利益的独立站位，不远不近、不高不低、不左不右；要有超越局部的广阔视野，要看到整体、看到发展、看到环境；要有不屈吾道的职业意志，能承受各方面的干扰和压力；要有与委托组织长期合作共同发展的理念；要有在特定领域积累深厚的咨询知识、咨询方法和咨询工具。管理咨询师的责任是科学地为委托人量身定制既能够短期改善又能够中长期发展的解决方案，并且协助实施。

在解决方案的实施实践中，可能存在咨询主体越位和咨询主体缺位两种情况。有的咨询师越俎代庖、包办代替，有时咨询师直接走到前台，替企业的人员去操纵、运作。短期看，这种模式的成果来得快、显示度比较高。咨询主体缺位的情况是只出方案不管实施，这就是早期的麦肯锡咨询观点。随着时代发展，对象企业越来越不接纳这种咨询方式。

实施主体是委托组织，相当于医患关系中的病患。在第 1 章也曾论及，作为委托组织或对象企业，要信任咨询机构或管理咨询师的专业能力；要尊重咨询机构的工作程序、工作方法和工具；要明确组织自身在项目实施中的主体责任，真诚地配合咨询机构的调研活动；要认真研究解决方案的适应性、操作性。特别是要通过与咨询公司的合作、学习，导入外部的管理知识，培植内部管理能力的生长和提高。

作为实施主体的责任，是全面配合咨询师调查分析；与咨询师共同设计解决方案；在充分听取咨询师的意见后，根据自身的情况，策略性地实施解决方案。实施主体越位的表现，就是将自己的意志强加于咨询师，干扰管理咨询的流程，肢解、歪曲解决方案。有的实施主体认为自己是甲方，是强势的一方，是给钱的一方，把咨询机构视为变相的传声筒。这是典型的实施主体越位。

有的被咨询企业在需求分析阶段不充分配合，在方案设计阶段不充分交互，在方案实施阶段"等、靠、要"等依赖思想严重。有的委托者不了解管理咨询服务的特点，不认为管理咨询属于知识服务业甚至是高智力的知识服务业，而把管理咨询服务看作一般的服务业。这样会导致实施主体在管理咨询和咨询实施活动中缺位。

在解决方案定稿以后，管理咨询师团队转换为指导和辅助的角色。企业在接受管理咨询之初就应该懂得，知识转移之后，解决方案的实施必须依靠自己的力量。因此，在解决方案制订、评估和修订中，企业要逐步加大参与力度，让解决方案尽量被企业领导和实施骨干吃透，尽量使解决方案具有可操作性，尽量使实施程序具有弹性和适应性。

为什么企业必须是解决方案的实施主体呢？一方面，从公司治理结构的角度来看，咨询团队在其中是没有角色的。例外情况是有的管理咨询合同设定咨询回报是股份转移。一般情况下，企业的领导者和运营团队才是咨询解决方案的实践者。另一方面，企业是咨询方案实施后果的承担者，这个实施后果可能是使企业成长、发展了，销售、收入、利润都提高了，但也不排除另一种后果——亏损甚至倒闭。企业是咨询后果的唯一承担者，所以必须对实施方案悟深吃透、准备充分、自主实施。

企业如何进入实施主体的角色呢？在解决方案形成阶段，要尽早参与、深度参与、广泛参与，有时甚至要主导需求分析；要注重解决方案评估和修订的环节，要研究问题定位是不是准确，方案是不是合理，是不是具有可实施性，是不是充分预判了实施的风险，对于可能的风险是不是有足够的应对措施。在解决方案验收环节，要统一思想、深入动员，做好组织准备和资源准备。所谓的组织准备就是要建立实施团队；所谓的资源准备就是要配置实施的资源。落实实施主体责任，就是要将咨询解决方案的实施纳入企业发展战略规划中，科学地选择实施时机、实施方式等。企业还要制定解决方案的实施流程，明确任务以及恰当地分解任务，在组织上保障解决方案的实施；在资金、物资等资源上予以保障；要准备承担实施的风险。在实施过程中，企业要积极地接受咨询师团队的指导，必要时还要寻求咨询师的进一步帮助。

明确了管理咨询解决方案的实施主体，那么解决方案的实施客体又是谁呢？也是对象企业。作为实施客体的企业，必须要注意要吃透解决方案，要主导、主动，不允许不懂装懂。要直接面对问题而不能讳疾忌医，必要时甚至要忍痛刮骨疗毒，要下定决心、不达到解决方案设定的目标不能收手，要持续改善、不允许老病复发。

本节介绍了被咨询企业在解决方案的实施过程中的双重角色，即它既是解决方案的实施主体，又是解决方案的实施客体。怎样处理其双重角色？一是要谋求企业上下广泛认知和认同；二是要在分析实施客体行为动机的基础上，考虑并且部署方案实施的利益格局；三是要明确主客体之间交叉的责任关系；四是在实施中密切地沟通、经常地协调，这样才能够及时解决实施中的矛盾和问题。

4.3 合作产生竞争力

毛泽东在其著名论著《矛盾论》中写道,"外因是变化的条件,内因是变化的根据,外因通过内因而起作用"。在管理咨询中,管理咨询公司所做的解决方案是变化的条件,被咨询企业、对象企业作为咨询方案的实施主体、客体才是变化的根据,管理咨询公司只能通过实施主体的努力、透过实施客体发生变化才能实现解决方案的目标、发挥解决方案的功效。

1998 年,华为开启了与 IBM 的合作之门。为了合作,任正非发布了著名的"一号军令"。华为的许多精英发现 IBM 的很多咨询师其经验未必老到、知识未必全面。他们对问题的了解,特别是对华为内部流程、机构这些管理模式的了解,可能还不如华为的某些干部,这样的合作有时比较尴尬。任正非在这时专门给大家做动员,"信任在前、信任由上,进来就是老师"。他强调顾问工作的特殊性注定了它不是一个供应商或者服务员,顾问是什么人?顾问是启智者,是开启智慧的人。如果客户没有了拜师的心态,神仙也没办法让你改变。试想一个水杯杯中不空,怎么才能倒得进去水?任正非希望华为创造条件,让顾问尽心尽力,这样才能让方案尽善尽美。每个人都希望通过管理咨询获得一个非常完美的解决方案,而解决方案的实施能够给企业带来巨大成长、巨大发展,其前提是顾问必须尽心尽力。中国还有一个成语,叫作"尽职尽责",如果仅仅从职责的方面来讲,有时是很难测量的。例如如何评价治病为先的医生和治病程序为先的医生?现在病患本人及其家属的维权意识都非常强,任何人都不希望在诊疗中受到医生的不合理对待或发生医疗责任事故;那么,站在医生的角度看,他该怎么保护自己?面对一个需要冒险抢救的病人,如果医生脑子里面不是想着如何治病,而是想着程序如何对自己有利,这个病患就不会得到最充分、最及时、最有效的治疗。

做好咨询工作是顾问的职责,尽职尽责是对其最基本的要求。绝大多数咨询顾问都是尽职尽责的,但是所谓的"做好"、所谓的"尽职尽责"往往难以度量和考核。企业必须调动顾问内在的主观能动性和积极性,才能够使顾问迸发出高度的责任心、职业的成就感和解决问题的创造力。

任正非还有个要求,就是不能让咨询价格限制了咨询价值。如前所述,有些企业在接触管理咨询业的时候,关注的重点不在于如何达到最好的咨询成效,而是像在菜市场上买菜一样来跟咨询公司讨价还价。咨询公司所做的很多东西是属于创新知识的生产,是不对称的知识加上顾问的创造力。而且从后果上看,管理创新可以给企业带来巨大财富的知识服务、智力服务。

仅仅了解合作的重要性,并不能保障合作的顺利进行,还必须在机制上进行保障。关于实施过程中的合作机制,主要有三个方面。

一是体制。委托组织和咨询组织要在项目启动之前就成立最高层直接参与的项目推动联席委员会,其职责是在整体上把握项目的监督、评价、指导、沟通、讨论和决策。项目推动联席委员会下设几个专项项目小组,其职责是协调、监控和讨论。在第一线的组织是核心业务组,其职责是深刻地理解解决方案,然后按程序逐步地推进。这样的体制是合作机制中最重要的组织保障。

二是机制。围绕着项目计划,要有一个定期综合会商和专项会商相结合的运行机制,双方要在实施之前就商定协商和沟通机制、决策机制、突发事件的应急机制等。

三是法制。联席委员会的工作机制,应该在合同中予以规定,有的应该纳入合同的附件。有些企业甚至将与外部专家、外部机构合作的机制写入公司内部的管理规定中。

在管理咨询中,咨询方与被咨询方的关系分三个层次,缺一不可:首先,咨询公司和企业在合同上分别是乙方、甲方,是商业关系;其次,双方必须是完成共同使命的伙伴关系;最后,双方的成员在合作中应该是亦师亦友的个人关系。

双方合作的有效性也有三个层次:第一个层次是效率,第二个层次是效果,第三个层次是效益。所谓有效率,就是双方有协同工作计划,而且有会商和调度的机制。在实施过程中,不相互指责、不推诿扯皮;所谓有效果,就是双方有目标分解结构和绩效考核的机制;所谓有效益,就是双方都要在珍视自己利益的同时尊重对方的利益,每一方都要考虑到合作中除了货币收益还有别的什么收益。

咨询师团队怎样才能与客户团队有效合作呢?

一是要让客户参与工作,要深刻理解客户的意图。因为客户的意图是发展变化的,所以咨询师对于客户意图的理解要经常更新、动态把握。

二是要把聚光灯打到对方身上,要把阶段性的成果展示给对方。麦肯锡有一句话:胜利越多、激情越多。只有客户经常体验到成就感,他才能够把咨询实施视为己任。

三是对口培训客户团队,要进行有效的知识转移。要认识到对方成长越快,工作越容易推动。

在有效合作过程中,不可避免地,我们会遇到各色人等,有时会面对一些叫作讨债鬼的人。有的人非常懒惰或者拒绝合作,在这种情况下,如果能换人是最好的;如果不能换人,只能给他分配一块不太重要的独立工作,让他自己去做,即使做不好,对于整体工作影响也不大。有的人抱有敌意,与应对前一种人一样,能换人尽量换人;不能换人的话,在可能的地方,要利用他的天赋但在必要的地方必须加以防范。

客观题

4.4 咨询实施中的"授人以渔"

丁佰盛：李老师，在咨询的过程中，许多客户急于见到的不是打鱼的方法，而是鱼本身。对企业的长远利益而言，打鱼的方法更为重要。怎么处理这个矛盾呢？

李从东：丁总这个问题很现实。我参与了很多的企业管理咨询，在咨询过程中带了队伍、传授了方法。但是再过几年回过头去看这家公司，可能又旧病复发了，为什么？就是当初做咨询时带出来的队伍已经散了，传授的知识已经丢了。还有一种更糟糕的情况，咨询公司当年在做咨询的时候只是为了就事论事地完成任务，没把相关的知识传授给客户，客户只得到了咨询的直接成果，而延伸的方法、工具甚至观念都没有接收到。管理咨询最终的结果应该是人才的培养和文化的形成，也就是授人以渔，要把打鱼的方法和工具交给客户。

授人以渔，实际上是管理专业知识的知识转移。战略视角下看，知识转移可以面向客户的发展，提升自身的价值；战术视角下看，有利于解决方案的实施，提高方案的可操作性。

管理专业知识怎样实现转移呢？一是咨询中的培训。可以进行双向培训，即不仅仅是咨询团队把自己的管理知识传授给企业的员工，同时咨询师也要在咨询过程中了解、掌握甚至学习被咨询对象的管理模式、管理特点中有益的成分。二是通过项目合作机制来实现双向的知识转移。三是通过咨询程序、咨询工具和咨询方法进行知识的转移。四是通过实施新的管理模式和管理系统实现知识转移。

除了专门性的培训，在双方联合工作模式下的日常信息交流也是一种知识转移，共同工作本身就是知识转移。

做知识转移是对人的带动和提高。人是管理知识和管理能力的第一载体，在管理咨询中最重要的知识转移是在人与人之间发生的。毛泽东曾说过，"政治路线决定之后，干部就是决定因素"。干部分了三个层次，项目的领导人、骨干以及多数的专技人员和管理干部。要发现潜在的项目领导人，使其系统地掌握项目的思想；在项目推进中，要结构化地培植骨干，使其掌握专业工具和方法；通过培训和项目实施，影响企业的多数专技人员和管理干部。

授人以渔的过程分为两个主要阶段：一是"扶上马"，二是"送一程"。

第一阶段，咨询公司扮演的角色是"牵马坠镫"，以三个不同层次的形式对被咨询方进行支持。一是咨询方给予人员的支持，比较直接而且支持的力度比较大，其可能的负面效果是会让对方产生依赖性；二是咨询方给予方案的解释性支持，在实施过程中指出关键点，指出结构性关联和操作方法；三是咨询方给予方案修正性的支持。在实施的过程中，企业遇到了新的情况，咨询方做一些适应性的调整或升级。

第二阶段，以被咨询企业为主。第一步，实施方实施，咨询方进行运行监控。第二步，实施方独立运转，咨询方已经不进行全面监控和全过程监控，只做定期回访。第三步，实施方获得独立运行的经验和能力，这时已经不需要咨询方再介入了，双方在这个项目的运行上渐行渐远。

咨询培训可以分为四类：一是沟通培训；二是领导培训；三是常规普及性培训；四是专业性操作培训。沟通培训的内容包括：说明解决方案的目的、意义，介绍咨询工作框架、咨询组织和咨询师、隐私保护政策等；领导培训的内容包括：介绍企业调查和企业分析的过程，解释问题结论、讲解解决方案及其论证过程、提出建议实施的方法和步骤等，目的是使领导了解全面的情况，给领导以实施的信心，为领导决策提供依据；常规普及性培训主要是面向外围人群；专业性操作培训面向操作人员。

在培训中要使用不同的学习策略，一是标杆策略；二是团队学习策略。

在针对领导和骨干的培训中要注意三个重要阶段，如图4-1所示。自底向上来看，一是认知，二是认同，三是视为己任。企业人员对于管理咨询知识的了解和掌握，经过认知、认同和视为己任这样三个阶段，从接受培训、掌握基础知识，到参与操作、了解系统模式，最后变为推进先进管理模式的带头人，甚至再去培训其他人。图4-2比较完整地表达了认知阶段、认同阶段和视为己任阶段。

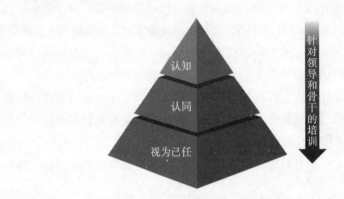

图 4-1 培训三个阶段

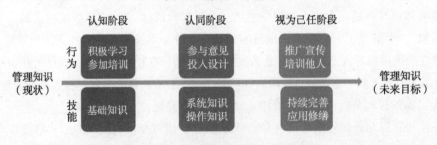

图 4-2 培训三段论

在培训过程中，要虚实结合。此处的虚和实既是指培训和方案的实际推进之间的关系，也是指培训中内容和形式的关系。除了培训课、黑板报、小报、微信公众号和针对性推送，还可以有班后的知识竞赛会、演讲会、辩论会、有奖竞猜、QC小组的活动、宣传卡、车间内部的各种氛围等。

与对象企业各个层次的人员交流越多，从对象企业学习到的新情况、新问题、新办法也越多。要建立和维护客户企业各个层级参与管理咨询的经常机制和通道，咨询师的职责是要去发现智慧、挖掘智慧，然后凝聚智慧。

咨询师要把学习到的各种各样的经验、各个企业的经验、企业中每一个人的经验系统化、知识化。在对象企业那里学习，然后再以宣传沟通的方式把系统化的知识送回企业，以此促进企业人员对解决方案的理解和支持。咨询师的执行指导就是不仅要让客户明白为什么，还要知道怎么去做。解放战争时，四野的战斗力特别强，其中一个因素，源自训练部署时有一个非常经典的"六大战术原则"：一点两面、三三制、三猛，三种情况三种打法、四快一慢、四组一队。对于那个时代部队基层指挥员甚至是战斗骨干来说，六大战术原则朗朗上口、非常容易记忆和理解，每个基层干部都可以非常灵活地应用这六大战术原则。这就是培训的作用。

自学自测　扫描此码

4.5　咨询实施从试点开始

丁佰盛：李老师，我们到一个企业中发现其问题千头万绪，解决方案也可能包罗万象。在实施的过程中，从哪里开始？怎样开始？

李从东：管理咨询是非常复杂的系统活动，特别是对大企业或对工作量比较大、情况比较复杂的咨询活动来说，由于咨询的后果非常严重，我们必须要选取试点，咨询实施要从试点开始。

解决方案的理论研究不能完全替代实践验证。制订解决方案时，可以进行解决方案的逻辑性验证、数据性验证甚至是事实性验证，但是所有这些验证都叫作理论验证，它和实践验证之间还是有些偏差。实践验证想要达到的目的就是要使解决方案获得更充分的可行性和完备性。通过试点工作，可以测试相关人群的接受程度。每一个咨询解决方案的实施，对于企业来说，意味着不同规模或者不同层次的企业变革。变革一定要被群众所接受，通过试点也在给群众传递一个信息，来提高群众接受变革的心理阈限。试点工作可以为大面积的推广提供实施的路径和实施的经验，可以降低方案整体实施的风险和实施成本，以此来提高成功的概率。

选择试点有三个方面的要求：一是试点应该具有广泛的代表性；二是试点要具备良好的工作基础、工作条件和工作环境；三是试点应该具有效益示范性。

做好试点工作，必须优选负责试点的领导和团队，认真调研和规划并按照规划去组织实施；要集中资源，详细记录试点工作的实施过程以及遇到的问题，做好试点工作总结。

试点以后，要对解决方案进行评估和修正，主要是做两个方面的分析：一是过程中的分析；二是回顾分析。一般情况下，过程中的分析是就事论事，针对试点中发现的个别问题进行个别纠正；而回顾性分析一般比较系统和全面，主要是针对在试点中发现的普遍性问题对解决方案进行修正。要辨识试点中发现的问题是认知偏差、因素分析偏差还是方案设定偏差。如果是认知偏差，要重新认知；如果是因素分析偏差，要重新分析；如果是方案设计偏差，要修改方案，当然要注意方案修改时的约束条件。

在解决方案实施试点中总结出来的经验，要推广，但必须注意：一是要通过试点来带动面上，而不能以试点来代替面上。通过试点，要找到并利用解决方案的一般性。但是，必须要认识到个别知识不同于系统知识，在推广时要考虑试点的特殊性和局限性。通过试点以及修正方案来编制全面的实施规划，首先要绘制咨询解决方案的实施路线图，即关于资源配置、事件导控等在时间、空间、组织等维度上的表达。推广应用时还要留心，一是项目管理的五要素——时间进度、成本控制、质量保障、人员配置、资源配置；二是在机动资源上，预备队充分不充分、有没有机动资金等；三是要进行定期的推广评价，通过会商，调整实施的具体措施，及时调度资源和平衡各个方面的能力。

4.6　方案实施中的过程管理

丁佰盛：李老师，解决方案的实施方和被实施方是商业合同中的甲乙方关系。采取什么样的过程管理的方法，才能保障管理咨询的效果？我很想听听您的意见。

李从东：这是非常重要的。实现管理咨询的目的，需要有执行力。有了解决方案，还必须要有组织、有人员、有时间进度、有成本控制地去实施，有质量标准地去实施。如何在特定的时间完成特定的咨询实施任务？必须进行过程管理。

常常听到有的领导这样说：我只要结果不要过程。如果没有特定的过程，怎么会有特定的结果？结果是过程的产物，所以必须强调过程管理。

根据 ISO 9000:2000 版对过程管理的解释，它指的是企业管理中的每一个节点都要进行质量控制，通过对每一个过程的细节进行控制管理从而达到全面质量管理。在管理咨询中，解决方案的实施也需要过程管理，通过过程管理来确保方案实施中各种资源的投入和能力的投入足额、到位；在实施中各种关系能够得到梳理和调整，实施的质量能达到设计的要求。

在方案实施中，要设定方案实施的总目标和阶段目标。总目标指的是目标成果的最终状态，而阶段目标是每一个阶段目标成果的阶段状态。在订立目标时，一定要同时清晰地描述达到方案实施目标的特定的约束条件是什么，例如人员约束、资金约束、物资约束、时间约束、空间约束等。

有时，解决方案想要的目标，不是一个目标，而是一群目标或者一组目标，是多个目标。在实施中，一定要注意在多个目标中其动态主导目标是什么？方案实施，要有限目标、重点突破，因为目标多到了一定程度的时候就没有最优解了，有时甚至连可行解都没有了。

如果目标过大，还要进行目标分解。如图 4-3 所示，展示了目标管理认识上的四个维度，分别是质、量、时、空。实施目标"质的属性和特征"主要指的是实施目标的类型、标准或者水平的规定性；实施目标"量的属性和特征"表达的是关于实施目标数量标准的规定性；实施目标"时间的属性和特征"，刻画了实施目标的时点或时段；实施目标"空间的属性和特征"规定了实施目标的位置和区落。

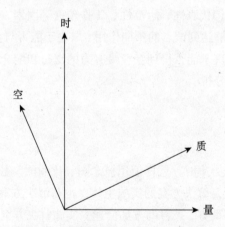

图 4-3　目标管理认识上的四个维度

可以应用"戴明环"对解决方案实施进行过程管理。

美国质量管理专家休哈特博士发明并由戴明博士推广的 PDCA 循环——plan、do、check、act，计划—执行—检查—奖惩，每个循环之后要进行修正，然后再循环。应用戴明环需要注意，关于计划的制订，要注意刚性和柔性的平衡；在执行过程中要注意过程的优化准则和满意准则，要考虑是局部优化还是整体优化；在考核时要注意是考核绝对指标还是考核相对指标；在控制中要注意哪些使用反馈控制，哪些使用前馈或前摄控制。

在方案实施中，要处理好方案的交叉关系。交叉关系指的是在方案实施的过程中，有多个实施主体或者多个实施客体彼此在职责或者任务资源分配等方面存在着缺位、重叠、并列等关系，可能发生权利或者资源的争夺或者冲突，或者发生职责上的推诿等消极现象。处理交叉关系，要充分发挥计划协调和调度协调两个作用，要分清主次和先后，要从整体和大体出发，要尽量在较低层级进行协调。

问：老师，如果企业面临的是一个热点问题，比如说年底要冲业绩了，那么还有必要进行试点吗？

答：试点工作除了强调代表性、示范性、工作条件等因素，也要强调问题导向。即咨询师所选择的试点是否能够达到试点的预期作用，取决于能否与企业当前最直接、最紧迫、最重要的需求相联系，取决于能否得到企业最有力的支持和配合。因此，这个问题不能一概而论，要具体问题具体分析。

本章思考题

1. 在向客户汇报解决方案时，怎样使用概念图、比喻图、数据图？
2. 怎样理解"企业既是解决方案的实施主体，也是解决方案的实施客体"？
3. 管理咨询服务的咨询方、被咨询方如何建立实施解决方案的合作体制？怎样认识双方合作关系的三个层次？
4. 怎样理解管理咨询服务的咨询方、被咨询方合作有效性的三个层次？谈谈你对有效合作三方面举措的认识。
5. 在管理咨询中，应该如何进行有效的知识转移？
6. 在解决方案进入实施阶段时，应该怎样去选择试点？
7. 怎样处理解决方案实施中的交叉关系？

第5章

管理咨询的实施后服务

5.1 管理咨询不可能一劳永逸

很多企业希望管理咨询不但可以药到病除,而且能够一劳永逸。这是不可能的,为什么呢?因为矛盾是发展、变化、动态的,管理咨询既不可能一次性地药到病除,也不可能一劳永逸。在企业管理中,问题总是多发、广发,摁倒葫芦起来瓢。企业的主要问题,也随着自身的发展和环境的变化而动态变化,一些内生的矛盾会发展到显性化阶段、爆发阶段。

以丰田汽车公司为例。从 2010 年开始,丰田在全世界进行了大规模的汽车召回。很多人把大规模召回的责任归咎于曾经担任过公司主要领导的奥田硕和渡边捷昭,管理学界也在对丰田发展模式进行反思。丰田当时的发展模式可以概括为"多""快""好""省"。那么,是不是生产数量越多越好、效率越快越好、质量越好越好、成本越少越好呢?"多、快、好、省"有没有度的规定性?

在企业发展的不同阶段,当我们对于某些指标进行无限度追求的时候,可能一些内生矛盾受到外部因素的诱发,会发展到显性化的阶段。广东顺德的一家大型空调企业,过去生产管理一直比较粗放,但外部市场平缓时粗放生产不是显性矛盾;当遇到市场热销的时候,这种粗放式的生产管理导致产能没有办法释放,大量订单无法准时交货,生产就成为瓶颈。有时专项管理咨询解决了一个瓶颈问题,但是另外一个瓶颈问题接踵而至。比如你把自己的生产理顺了,对于物料的需求比原来大了或者对于物料的质量要求提高了,这时供应链就有可能成为新的短板。

除了面向动态多变的企业内生性矛盾以外,管理咨询还必须要具有前瞻性。中医学有一本很经典的书叫《黄帝内经》,其中有一句话叫作"上工治未病,不治已病",即好医生是治还没有发出来的病,不治已经形成病的病。对于管理咨询来说,能否扼杀问题于未生之时,在问题还没有发生时发现苗头并把这个苗头铲除掉,甚至把这种问题的土壤都铲掉,这才是管理咨询的高手。

管理咨询应该具有广谱适应性。大部分管理咨询项目具有基础性、结构性的特点,理顺了基础和结构,会导致企业总体上趋于改善。既要头痛医头,更要系统治理。如果做不到前瞻性和广谱适应性,管理咨询就只能见招拆招了,这种管理咨询叫作情景应对性的咨询。管理咨询经常面对发展和转型中的客户,其重点与客户企业的种类、所属的行业,以及企业生命周期都有密切的关联。所面对的企业是传统企业还是新兴企业,其面对的常见病、多发病是不一样的。传统企业的困扰通常是外部市场受限,内部管理无序,臃肿、低效、成本高、质量差；而新兴企业的困扰通常是战略方向迷茫，管理跟不上发展，受制于技术瓶颈或者法律纠纷，人才不足。因为新兴企业各方面条件比较简陋，要素之间还耦合不好，所以经常出现以上问题。另外，所面对的是大企业还是小企业？大企业遇到的问题通常是发展速度降低了，机构臃肿，以及大企业病、效率低下、管控难度大、管理费用高、战略方向迷茫等问题；而中小企业通常面对的是市场的激烈竞争、市场机会有限、技术落后、人才匮乏等问题。

管理咨询还要注意所面对的是什么行业，企业发展处在哪一个阶段。举个例子，石油炼化行业的客户企业一般具有产品刚性和工艺刚性（产品是固化的），例如炼化企业生产乙烯、汽油、柴油等，工艺上采取蒸馏、催化、裂解等，从建厂时产品和工艺就确定了。这些是刚性的，与离散制造业、服务业相比，管理咨询的自由发挥空间就比较小。反观服务业，其自由发挥的空间就比较大，因为它的产品刚性和工艺刚性没那么强。

管理咨询实际上也有路径依赖，如图 5-1 所示，在不同的阶段要做的事情是不一样的。在企业发展的最早期，管理咨询公司要给企业出什么招呢？就是通过实施基础工业工程，如工作设计、人因工程、5S 等这些东西来实现企业的规范化管理；规范化管理实现以后，要对已经规范化的管理进行系统固化，通过企业文化，如制度、流程、标准、规范，把规范化管理的成果系统化、固化；系统固化之后，管理咨询的重点是精益化，就是用价值增值的思想改善关键流程的运营绩效。要注意这是一个循环，精益化改变了原来的流程和运作模式，需要重新规范化和固化，固化以后用精益化再去破坏。多次循环后，用六西格玛管理进行精细化管理，从根本上持久地去改善系统。再之后才能上升到数字化管理。企业在前面的精益化和精细化没做好之前，如果匆忙地做数字化管理，表面上看起来是跨越式发展，但是实际上埋着很多隐患，原始数据有可能是粗糙的甚至是不真实的，这种数字化的效果会打折扣，甚至会失败。经过精益化和精细化阶段并进行数字化管理以后，就可以通过数字技术来实现企业的"广、快、准、深"，在这个基础上，才可能实现基于互联网的

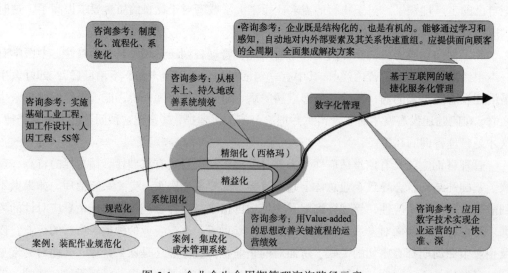

图 5-1 企业全生命周期管理咨询路径示意

敏捷化和服务化管理，企业既是结构化的也是有机的，能够通过学习和感知，智能地对内外部要素及其关系快速重组。管理咨询应该提供面向顾客全生命周期的全面集成的解决方案，其路径就是从规范化开始到系统固化、精益化、精细化到数字化，然后到敏捷化、服务化的发展过程。

自学自测　扫描此码

5.2　如何应对旧病复发

在管理咨询中，无论是客户企业还是管理咨询公司，谁都不希望发生、但在实践中总是会发生的一个事实是——客户企业的管理水平有反复，旧病容易复发。有些问题已经有解决方案并通过实施已经整改完成，但是经过一段时间后，这个问题又出现了。可能的原因是——第一，问题过于复杂，解决难度比较大，靠一次方案实施可能无法彻底到位；第二，诊断环节可能是静态诊断，或者在诊断定性时有偏差（由于企业中存在着大量似是而非的问题，管理咨询在对问题进行定性的时候出现偏差是可能的）。

如果从解决方案的角度来看，有两种可能性，一是方案设计不全面或者不深入；二是方案实施不到位。

怎么应对旧病复发？根据上述分析，建议如下。

第一，把管理咨询的每一步都做扎实，调查、分析、判断、方案设计、培训和辅导、实施，在任何环节上偷了懒、做了虚功，都可能为旧病复发埋下病根。第二，方案的设计和实施要考虑灵敏度、动态性、目标函数和约束条件的变化阈限。咨询师不能刻舟求剑，必须因地制宜、因时制宜，在方案基本版的基础上进行情境化调适。第三，咨询公司有时会忽略方案实施的自扰性。方案实施的自扰性有时来自时间序列维度上的方案项目实施，有时来自方案实施时间截面维度上的项目间干扰和影响，此二者自扰视事前对影响程度的估计在方案设计中考虑增加消除或减少自扰性的措施。但有的自扰性不是来自方案，而是来自方案实施过程中不同实施主体（企业内部的不同利益单元）的本位主义，这种自扰性的消除或减少，需要企业顶层在实施中通过实施调控加以解决。

旧病复发的问题可以借鉴六西格玛管理的思想来治理。六西格玛管理的目标，是要达到更高的标准和实现流程上的改进，其重点是要减少管理过程的波动性，把管理的质量稳定在期望的中心线附近。通过实行六西格玛管理，来保持咨询实施以后的水平不倒退不反复，持之以恒地执行六西格玛管理的 DMAIC（define，定义；measure，测量；analyze，分析；improve，改进；control，控制）。即在定义阶段要陈述问题，确定改进目标，规划项目资源，制订进度计划，把管理咨询的需求分析或系统分析做好；在测量阶段要把管理咨询中的关键质量特性尽可能量化，通过收集数据了解现有的工作水平；分析阶段要分析数据，找到影响发展的少数关键因素；改进阶段针对关键因素要确立最佳的解决方案；控制阶段要采取措施以维持改进的结果。然后周而复始地进行 DMAIC 循环，每循环一次，管理咨询的效果提升一次，管理波动性就会少一些，离管理质量期望的中心线就更近一些。

客观题

自学自测　　扫描此码

互动教学实录

学生问：请教老师，怎么理解在应对旧病复发时考虑方案实施的自扰性以及对后续实施效果的影响中的自扰性？是方案实施会导致新问题吗？

老师答：我理解的方案实施的自扰性，指的是两个方面：一是方案实施中前序可能对后序产生影响，例如为了加快物流周转而采取的清库措施可能对后续的物流优化带来不确定的影响；二是方案实施中并行的此项对彼项的影响，例如前面提到的清库，可能对生产的稳定性产生干扰。由于这种影响来源于方案实施自身而不是方案实施的外部环境，所以称为自扰性。

本章思考题

1. 请自行在互联网上收集丰田汽车公司案例的资料，详细分析丰田发展模式。
2. 为什么"毕其功于一役"在管理咨询中不具有可行性？
3. 选择一个具体企业实例，按照全生命周期管理咨询路径对其不同阶段给出咨询意见。
4. 如何从管理咨询服务本身出发解决企业"旧病复发"的问题？

第6章 管理咨询的与时俱进

6.1 管理咨询必须面向外源性挑战

管理咨询必须要面对一系列的挑战，其中来自企业外部的挑战被称为外源性挑战。有哪些外源性的挑战呢？第一种是外部技术环境的剧烈变化，现代科学技术日新月异，技术的断代创新使得很多企业在技术上毫无预兆地走到穷途末路。大家耳熟能详的柯达公司，本是一家非常好的胶片企业。数码相机面世后，胶片企业立刻没有了生路。电信业、电子制造业尤其要面对这种挑战。第二种是外部经济环境剧烈变化，例如需求断崖式地下跌，像钢铁、煤炭、工程机械等行业都曾经遭遇过行业整体上的需求乏力。第三种是贸易与市场环境，例如国家与国家之间的贸易壁垒乃至贸易战，企业与企业之间的价格战。第四种是大规模公共卫生事件，例如 2020 年年初以来肆虐全球的"2019 冠状病毒病"（COVID-19）使得全球供应链断裂，很多企业遭到重创。

深圳有一家非常著名的电子设备制造企业，由于国际政治矛盾或国际经贸摩擦而遭遇到某大国政府非常严厉的制裁。上述情境，企业要提前有所估计、有所预判，并且有所应对。怎么来进行应对呢？首先要通过商业咨询和战略咨询，应用战略研究方法对外源性影响作出预测、预警和预案。例如 PEST 分析、竞争者分析、五力分析等。对于影响或可能影响本企业的重要外源性因素要进行持续监控，未雨绸缪，收集信息、分析情况、设立预警的标准。例如对于大宗材料有依赖的企业要严密监控大宗材料的价格走势；对于某些技术比较敏感的企业要设立专门的机构、专门的人员来监控某类技术的研发动态。

2017 年，中东发生了非常剧烈的国际形势变化，一些阿拉伯国家对卡塔尔进行制裁。对于航空公司就必须考虑制裁对航线、对乘客产生的影响。对于外源性影响的可能后果，一定要有应对的预案，我们要把风险管理清单做好，在可能出现风险的地方，分别研究针对特定的风险能不能进行回避，能不能进行转移，能不能进行分散。如果既不能回避也不能转移，也不能分散，那没有办法了，只能去积极地应对。广州一家乳胶制品公司极其依赖东南亚某国的天然橡胶，但这种原料不但有季节性的价格波动，而且其供给对天气、地缘政治也很敏感。咨询师建议一方面要在期货市场进行大宗原材料的价格锁定，另一方面要向上游投资以控制部分原材料资源。

对外源性影响无法预测时怎么办呢？广东一家从事铝制品制造的企业，在 2008 年金融海啸下是这个行业里为数不多的活下来的企业。怎么活下来的呢？该企业早在金融危机发生前就通过精益生产来堵塞漏洞、减少浪费、降低成本，形成了好的工作模式。采取一系列精益生产的措施以后，极大地提高了抵御外部市场波动的能力。这就是治未病，在没得病的时候采取一些措施，来提高自己抵御风险的能力。珠三角地区的另外一家金属制品企业就没有这么幸运了,它是空调整机厂商的配管供应商,长期以来在制品库存居高不下,只要市场稍有波动,企业就可能陷入困境。

管理咨询除了能给企业治病以外,还有给企业进行全面体检的功能。咨询公司既要根据行业的特点,也要根据环境变化的趋势,来设置体检项目。例如对于青少年这一类特定的人群,最容易出现的健康问题是什么,据此对青少年设置一些特定的体检项目。疾病控制中心非常关注不同的季节要重点筛查哪些病。管理咨询与此非常相似。

仍然以华为为例。任正非在华为一直在营造一种悲情意识,总说"狼来了"。从当初制定华为基本法到后来在华为系统内部建立任职资格系统,流程再造,导入 ISC 和 IPD……任正非不断创新,也不断地在企业内部制造危机意识。2001 年,他曾经写过一篇著名的文章叫作《华为的冬天》,2005 年又出台了华为十大管理要点——任正非写道:"十年来我天天思考的都是失败,对成功视而不见,如果我们现在不能研究出现危机时的应对方法和措施,我们就不可能持续活下去。"在 2007 年他又说:"我们如果没有预见未来困难的能力,我们陷入的困境就会更加严重。"任正非一而再、再而三地去营造危机意识,那么华为的危机是什么?华为的危机是不是外部的 IT 制造业惯性收缩带来的危机?是不是个体激励和组织凝聚之间无法完美协调的内部危机?是不是创新的危机或组织学习的危机?任正非是在主动革命。管理咨询中的"治未病"就是主动革命。怎样治未病?一是查短板、补缺陷,对于企业系统,自查短板、缺陷,自我改造、改善,在最有可能出问题的地方提前打上补丁,提前把一些危险因素排除掉,相当于卸掉定时炸弹的引线;二是健体魄、防冲击,在薄弱的部位装上装甲。华为在 2008 年 1 月 1 日《中华人民共和国劳动合同法》实施之前,动员所有工作满八年的约 7 000 名华为员工办理完主动辞职手续后,再与公司签订 1~3 年的劳动合同。所有自愿离职的员工,将获得华为公司相应的补偿,这个补偿方案是 n 加 1 的模式。而这一次自愿辞职的老员工,主要是两类人,一是自愿归隐的功臣,二是长期在普通岗位上的老员工,工作年限都是在 8 年以上,其中一些老员工,已经成为公司贵族,坐拥丰厚的期权权益和收入,因而缺少进取心,华为这么做,也是一种治未病的策略。

习近平指出,"要坚持用全面、辩证、长远的眼光分析当前经济形势,努力在危机中育新机、于变局中开新局"①。企业在外源性风险和技术进步中,要学会用全面、辩证、长远的眼光分析形势,处理好危机与新机、变局与新局的关系。

---

① 习近平:《坚持用全面辩证长远眼光分析经济形势努力在危机中育新机于变局中开新局》(2020 年 5 月 23 日),《新华每日电讯》,2020 年 5 月 24 日。

6.2　管理咨询要与时俱进

和其他行业一样，管理咨询也要与时俱进，不但要不断地更新咨询的知识，也要创新咨询的模式。

管理咨询具有两面性。一方面，不同客户的咨询项目具有很多相同点或相似点，这是管理咨询的一般性。管理咨询公司不会针对每一个客户的每一个咨询项目都去搞一个定制版的东西，有一些东西是可以被多个企业共用、共享的。但是必须要注意到每个客户咨询项目存在着特殊性。客户所处的行业不同，即使在同一个行业中发展阶段也不一样，规模不一样，技术基础与管理文化不一样，所处的环境不一样，这一系列的差异必然体现在对管理咨询不断创新的要求上。

生产康师傅方便面的顶益国际食品有限公司，当年在中国大陆地区布局时，在六座城市设置了同样的方便面工厂，由于处在不同的城市，其地域文化有差异。针对这种差异，管理咨询也要通过一定的创新去适应。

企业的管理体系也具有特殊性。不同企业领导人的领导特质、组织结构和运行机制、制度体系、计划模式、执行力等都是不一样的，必须要引起咨询师的重视。

管理咨询公司最大的资源就是管理咨询师，管理咨询创新主要依赖咨询师的进步。咨询师如何进步呢？

第一，咨询师从公司或者团队获得更多的知识和经验的支持。咨询师入职的资质门槛越来越高，例如复合型的知识结构、相关管理工作的经历等。许多职业经理人职业生涯的后期选择从事顾问职业。资深的咨询师在经验和咨询艺术方面，对于年轻的、新入职的咨询师也在进行方方面面的传、帮、带。从事各方面管理学研究的专家教授在管理理论方法上的进展，也会促进咨询师管理思维能力和思想水平的提升。

第二，咨询组织在咨询实践的同时不断地进行案例积累。麦肯锡、罗兰贝格、埃森哲等咨询公司之所以在业界有好的口碑，就是因为其具有非常丰富的案例积累，在应对任何项目时总能在案例库里找到相似的案例。

第三，咨询公司的咨询意识在不断更新，咨询方法和咨询工具在不断升级。

李从东： 丁总，据我所知，你在创办高盛咨询之前做过制造公司的总经理。很多咨询师都有从事过管理实务的经历。你怎么看待过去的管理经验对管理咨询师这个角色的影响？

丁佰胜： 做实际管理工作的好比开车时的驾驶员，一旦摇身一变成为咨询师的时候，坐在副驾驶位，变成了教练。教练是告诉别人按着正确的方式来做。我从驾驶员变成教练，是一个巨大的角色转换，看起来好像干的活是一样的，其实有本质的区别。作为咨询师需要从过去的经验中提取知识，把这个知识有效地表达给客户，有效地传达给客户，让客户能够接受、能够掌握，还让客户高兴地、愉快地去接受、去执行。

管理咨询创新的另一个途径是知识交互。很多咨询师通过团队式工作实现知识的交互，不但与团队成员共享自己的专门知识，也从别人的共享中弥补自己的知识短板。咨询师与客户企业中各层次、不同专业的人员之间的知识交互，可以弥补专业和实践经验的短板。咨询师在各行各业做的项目越多，其知识就越丰富，相关专业知识和实践经验的短板随着经验增长而得到弥补。跨领域知识交互还可以产生新的知识，这也是咨询师进步的一个途径。在进行管理咨询创新时，必须要牢记所有的咨询创新必须以企业的关键性管理需求作为出发点。

一方面，管理咨询创新是极其必要的；另一方面，有必要重申任正非关于管理创新的七个坚决反对——第一，坚决反对完美主义。第二，坚决反对烦琐哲学。第三，坚决反对盲目创新。第四，坚决反对没有全局效益提升的局部优化。第五，坚决反对没有全局观的干部主导变革。第六，坚决反对没有业务实践经验的人参加变革。第七，坚决反对没有充分论证的流程进行实用。

20 世纪 90 年代，某部门号召全国企业学习企业管理的优秀标杆企业——邯郸钢铁公司。邯钢经验中有一条讲的是企业的方针目标层层分解，通过层层分解，把企业的总目标，变成了每一个部门、每一个子部门，甚至是每一个岗位的小目标，然后通过小目标的优化来实现总目标的优化。乍听起来似乎是对的。如果想实现针对一栋建筑物照明用电的节约，那就需要把该建筑物的每一个电器的运行状况管好。但是企业的情况比建筑物里静态电器的用电管理要复杂得多。以企业成本管理为例，造成成本上升的因素彼此之间有交互影响，有的甚至是此消彼长的关系。如果增加某个成本子项的数额会引起其他成本子项数额的减少，进而带来成本总额的下降，我们为什么要排斥这个局部的甚至是个别的成本子项数额的增加呢？系统论告诉我们，子系统最优的总和不等于系统整体最优。按照邯钢模式，即使每一个部门、每一个项目都把成本控制在其考核指标上，也未必能够实现全局成本优化的目标。

某特大城市在举办某大型赛会时出台了一个政策，居民可以免费乘坐公交车、地铁等。这是个很好的设想，但是按照前述任正非的"七个坚决反对"，它属于没有经过充分论证的流程，将没有经过充分论证的设想付诸实施可能酝酿着非常大的社会风险。赛会开始那几天，某些线路的地铁天天爆满。有一个地铁的核心枢纽站，人最多的时候人员密度达到每平方米 11 人，踩踏事件的风险极高。

客观题

扫描此码 自学自测

6.3 管理咨询的服务导向

管理咨询是高智力的服务业。为什么在服务业还要强调服务导向？现代意义上的服务，指的是对于需求的发现、发掘、寻找、匹配、对接，使需求和供给能够自动进行匹配。业务导向和服务导向下的管理咨询有什么不同呢？看看管理咨询公司发展的三个不同档次就明白了。本书将其归纳为业务员型、销售工程师型和服务工程师型三种形式。

业务员型的管理咨询，其工作模式是为既有的咨询业务寻找客户。有些咨询公司，专注于人力资源管理培训或现场5S，有相对成熟的技术路线和成体系的产品解决方案。咨询师的主要职责是游说顾客促成交易，跟进合同、催收账款、向公司反馈顾客的意见。这类咨询的特点是产品导向而不是问题导向，面向专业性的产品和通用性的市场，面向常见性、多发性的管理问题。这类咨询公司其内部的生产成本比较低，销售模式比较单一，很难维系客户。

销售工程师型的管理咨询，其工作模式是针对客户的需要来提供解决方案。多数品牌咨询公司属于这一类。管理顾问的主要职责是在售前和客户进行交流、咨询、宣传、培训，在售中协助客户实施解决方案、修改解决方案，然后在实施的过程中进行咨询、培训，售后要做维护，要做升级的咨询。

服务工程师型的管理咨询，其工作模式是挖掘甚至是创造客户需求。管理顾问的职责包括了顾客价值分析，顾客价值实现，顾客价值扩展和顾客价值创造。顾客价值分析指的是对于什么是顾客、该顾客特定的价值是什么形式，要进行识别和分析；在这个基础上，进行解决方案设计；通过具体的方案实施，实现顾客价值；所谓顾客价值拓展，就是不停留在原有的方案上，把方案进行延伸；顾客价值创造则完全离开了原来的方案，是断代创新，实际上是挖掘出了顾客新的需求，甚至创造出了顾客的需求。

在服务方和被服务方两者之间，过去服务方是被动地接受被服务方的需求；现在被服务方的需求是可以被激发出来的，甚至是可以被创造出来的。按照服务化的思想，管理咨询应该为每个对象组织量身定制全生命周期的健康方案。

怎么来量身定制全生命周期的健康方案呢？首先要做行业的前瞻性扫描。一是要扫描经济趋势，要做经济趋势的扫描和研判；二是要做技术趋势的扫描和研判。通过行业的前瞻性扫描，来找到可能的风险（外源性的风险）和可能的机会。接下来，进行客户公司的价值发现，甚至是价值挖掘。在此基础上，为对象企业设计定制化的解决方案。

服务化的另一方面，是通过软性改造方案的定制和实施实现对象企业的转型成长。这种客户价值生态链的定制，一般情况下要嵌入管理咨询服务。客户价值生态链是一个非常重要的前沿管理思想。

对象企业可能有转型成长的需要，也可能有保健的需要。作为管理咨询公司，要针对不同的需要去做工作。

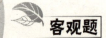

6.4　互联网时代的管理咨询——机遇与挑战并存

学生： 老师，互联网使我们的生活发生了巨大的改变，我们几乎可以从互联网上得到一切想要的服务。在互联网时代，企业还需要线下的管理咨询吗？

李从东： 这是一个很好的问题。互联网确实改变了人类的生活方式和生产方式，互联网给企业带来的波及和影响是非常大的，也是非常深刻的。互联网使所有的企业进入一个所谓的新信息时代。我认为它有三个方面的特点。一是经营环境瞬息万变，比如说产品质量有瑕疵，立刻就会引起消费者群情激昂的反应，价格上的任何变化会立刻让竞争者、消费者作出反应；二是商业创新层出不穷，看看互联网给我们带来多少新的商业模式，例如共享单车、移动支付等，这些都是新的商业创新，而且这种商业创新还在继续；三是中国在世界扮演的角色越来越重要，因为我们现在讲的管理咨询主要是面向中国企业的管理咨询，中国在世界上扮演的角色越来越重要就意味着中国的企业对于管理咨询的需要会提升。由于这三个方面的原因，许多企业家感觉非常迷茫，他们对于前途比较担忧，这样就造就了很多对管理咨询的需求，这些需求中，不仅有线上的需求，也有线下的需求，我在后面还会讲到这一点。

学生： 互联网对企业还有什么影响呢？

李从东： 互联网对于企业来说，有这样几个影响。一方面，客户企业对于管理咨询公司的选择空间更大了，因为有互联网这个平台，客户企业可以更容易地找到具有品牌优势、人才优势、知识优势的管理咨询公司；另一方面，由于知识交易平台的形成，知识的获取变得容易了，客户可以把不同咨询师的管理知识、工具、方法，甚至是不同咨询师的思维方式转化成自己的能力。可以很方便地从公开的管理咨询案例里学习怎样进行自我改善。

学生： 那么咨询公司会有哪些变化呢？

李从东： 咨询公司也会有很大的变化，分线上和线下两种情况。线下传统企业仍然依赖一种被称为"木匠型"的咨询公司的服务。什么叫作"木匠型"的咨询公司呢？就是比较依赖方法、比较依赖经验的咨询公司。传统的咨询顾问解决的往往是比较具体的问题，比如企业内部的流程、机制、人力资源制度、绩效评估等，这些工作比较依赖于以往的经验和方法论。线上的企业就不太一样了，比如携程网、阿里七剑等，有人把它们称作天然的互联网公司。线上企业由于问题的复杂性、多变性，它可能不再需要那种传统的"木匠型"的咨询公司了，它需要的是"建筑师"型咨询公司。"建筑师"型咨询顾问有着非线性、非连续性，多维度、时空跳跃和行业边界飘逸这样的思维方式，比较少依赖于原始的问题解决方法，能够创造性为客户构造未来，解决客户最为棘手的问题。互联网时代对咨询公司的另一个影响，就是现代咨询公司的发展重心不再是追求规模化和工业化，咨询公司需要兼顾解决难题的能力和契合企业需求的能力，需要凭借专业的智力资源帮助客户解决最棘手的问题并且带来实际价值，这些并不是那些只重视规模和效率的传统咨询公司能够做到的。另外，咨询公司未来可能朝两个方向发展，一个方向是职能上整合、行业上细分，比如说专注房地产行业的咨询，为房地产企业提供一揽子的解决方案，而不是像现在按职能分战略管理咨询、人力资源管理咨询、运营管理咨询等。另一个方向是咨询公司的核心竞争力，从提供解决方案转到辅导实施。刚才我说过，互联网时代知识是唾手可得的。由于知识唾手可得，企业管理者自身素养在不断地提升，解决方案就不再像以前那么高不可攀和具有神秘感了。企业更看重管理咨询公司作为第三方的中立性和在辅导实施方面作为改革外力的独特作用。不具辅导实施优势的咨询公司将来是难以生存的，帮助客户推动方案的实施是未来咨询公司的核心价值，也是咨询公司的核心竞争力之一。

学生：老师，咨询业务方面又有哪些变化呢？

李从东：咨询业务也会有很大的变化。一是互联网和大数据使得部分简单的咨询工作被边缘化，比如说原来为客户收集数据、分析数据的所谓咨询工作，这些工作可能更多是市场调研服务。有了大数据并不意味着有了营销方案；二是源自西方的所谓管理咨询的理念，它追求规模化和工业化以提升效率。而在互联网时代，它不再是持续成功的法则，规模和效率也不是优质管理咨询的核心。第三个方面的影响，可能是微咨询的兴起。互联网给我们提供了很多"微"的机会，微博、微信、微视、微课等，咨询也被"微化"了，叫作微咨询。客户可能随时将遇到的管理难题抛到互联网上，也只有在网上才能匹配到某个拥有独门绝技的管理顾问的独特的解决方案。

学生：老师，刚才您说互联网时代咨询公司的规模和效率越来越不重要了。那么管理咨询公司应该有怎样的规模和效率呢？

李从东：刚才我已经讲到了，规模和效率不再是互联网时代管理咨询公司的核心竞争力，但是这并不意味着规模和效率不重要,对规模和效率仍然是有要求的。作为一家综合性的咨询公司还是要具有一定的规模。没有一定的规模,它就很难在专业咨询方面更加全面、更加联动、更加深入。小型咨询公司在互联网、高新科技等方面可能表现出出色的能力,这些公司它们中的优秀领导者,有希望成为咨询业的新锐。在规模方面,咨询公司应该达到某种"临界规模"。这个临界的平衡条件是要兼顾顾客细分、兼顾咨询特色、兼顾咨询质量。从效率方面来讲,咨询公司当然仍然应该强调效率,但是咨询质量是首要的,不能为了有效率而忽略了咨询工作的质量。

学生:老师,管理咨询公司对政府和社会有什么需求呢?

李从东:这门课程一直在讨论管理咨询公司和客户公司这两者之间的关系,基本上没有涉及政府和社会,谢谢你的问题让我有机会对这个一直被忽略的方面能够有所顾及。在互联网时代,有的事不是管理咨询公司和客户公司这两个方面能做到的,有些事必须是政府和社会去做。作为政府和社会可以做的事情很多,例如建设开放的管理咨询网络社区服务。它有四个目的,第一,它可以培养客户的黏性,这个黏性是双向培养的,客户可以更加依赖于具有特定优势的某些管理咨询公司,而具有特定优势的管理咨询公司可以凭借自己优势的服务来黏住特定的客户。第二,通过网络社区这个特定的平台可以培训潜在客户。第三,管理咨询的双方都可以从网络社区不断地发现潜在的商业机会。第四,在这样的网络社区,客户企业和客户企业之间,管理咨询顾问和咨询顾问之间,客户和顾问之间可以通过互动实现互相学习,通过这种互动实现知识的交叉融合,这是知识创新的一个非常重要的渠道。政府在建立这种开放的管理咨询网络社区时主要要做什么呢?政府要建立管理咨询网络社区的社区规则和管理体系。比如说社区的身份认证问题、自由论坛问题、专业咨询和支付的问题等,这是非常重要的。管理咨询师付出了劳动,如何得到回报?如果咨询师的这种高智力的咨询服务得不到回报,这个业态就不存在了,所以政府可能还要去解决特定的专业咨询的支付问题。政府还可以通过保护管理咨询成果这种创新知识来促进管理咨询这个产业的健康发展,例如通过法律双向保护管理咨询公司和客户公司的管理创新知识产权。当然管理咨询公司也可以自己保护自己的创新成果,例如通过辅导实施把创新成果定制化和个性化。

学生:老师,还有一个技术层面上的问题,互联网时代的管理咨询工具会有怎样的变化呢?

李从东:互联网对于管理咨询的冲击是全面和多层次的,也必然会冲击到管理咨询工具这个层面。信息与通信技术(ICT)会使咨询工具的开发和应用呈现出一些新的态势。有五个方面的工具应该得到重视。一是基于互联网的咨询调查工具。二是基于互联网的咨询分析与诊断工具。三是基于互联网的咨询决策工具。四是基于互联网的咨询方案设计工具。五是基于互联网的管理咨询实施监控工具。

学生：老师，您刚才提到了 ICT，这些高新技术对于管理咨询还有哪些影响呢？

李从东：除了我们前面讲到的那些影响以外，管理咨询总体上趋向于"软化"。主要表现在：一是管理咨询的服务化，上一节已经专门讨论过，就是从客户企业价值发现、价值开发到价值实现的全面定制服务，管理咨询更加强调定制化。二是管理咨询的知识化。在互联网时代，当数据与信息的获取、加工、分析等工作的成本和效率发生了质的变化时，管理咨询就会变得越来越"软"。三是知识从知识应用越来越多地转向知识传播。比如说通过管理教育实现管理知识的普及化，从知识应用转化到知识创造，管理知识越来越多地被开发出来、被生产出来，一些现实中的问题可能被人工智能开发成知识，通过情境化实现专项知识的广泛适用。在功能上，管理咨询将与知识服务、万物万联、人工智能、智能洞察、数字感知这些新的概念联系越来越紧密。2018年许多欧美管理咨询公司也向数字化转型，拓展了服务企业的宽度和深度。比如，美国咨询公司埃森哲在中国上海成立了数字创新中心。该中心旨在帮助中国企业打造创新产品和服务，重塑商业模式，快速实现创新产业化，并将企业效率提升至新的水平。埃森哲中国数字创新中心聚焦工业数字化再造，将为客户带来在数字化工程、数字化制造、智能互联产品以及数字化营销等领域的最新洞察和技术服务，为未来柔性制造项目的实施开发提供技术支持。

客观题

自学自测　扫描此码

本章思考题

1. 有人说，华为"辞职门"是华为公司为了预防危机所采取的"治未病"的措施。那么，华为的管理层在担心什么？

2. 请结合实际，谈谈如何理解任正非的"七个反对"。

3. 怎样通过管理咨询的"再服务化"不断提升咨询的水平？

4. 试着分析在面对2020年年初以来肆虐全球的"2019冠状病毒病"（COVID-19）外源性挑战时，普通企业怎样做才能更好地降低损失，避免遭到重创？

第6章　管理咨询的与时俱进

管理咨询实战案例——山东某纺织集团公司如何实现突破转型

案例编写者：杨振宇

整理：李从东

1. 编写者简介

杨振宇先生，天津大学工商管理硕士（MBA），北京中联创质管理咨询有限公司总经理。杨先生长期从事质量管理研究与咨询工作，担当清华大学、美国质量学会（ASQ）、美国认证协会（ACI）、美国质量学院（AQI）等多个公开课的核心讲师，曾为华为技术中心、航天科工二院、中电集团、南京钢铁集团、航天科技集团、长安汽车、陕汽集团等百余家企业提供专业咨询服务。

2. 案例背景与企业困扰

山东某纺织集团公司以生产特种纤维纱线闻名全国，并出口到美国、德国、日本、韩国等国家和地区。企业先后荣获"全国棉纺行业百强企业""中国新型针织纱线创新研发基地""中国纺织工业联合会产品开发贡献奖""全国纺织劳动关系和谐企业""全国纺织行业先进党建工作示范企业""中国纤维流行趋势 2015/2016 最佳年度合作伙伴""全国棉花市交易场交割库"等多项荣誉称号，位居"2017 年度中国纺织服装企业竞争力百强企业"第 23 位，位居"2017 年全国棉纺织行业主营业务收入百强企业"第 10 名，位居"2016/2017 年度中国棉纺织行业竞争力百强企业"第 7 名，连续两年蝉联"中国化纤短纤混纺纱主营业务收入 30 强企业"第 1 名。

企业高度重视研发创新，建立了标准化产品研发体系，集团公司被列入山东省制造业创新中心培育名单，拥有两家国家级高新技术企业、山东省植物染工业化生产技术研究院，省级院士工作站，三家省级企业研发中心，四个市级企业技术中心，一家主导新技术、新材料全产业链应用孵化的公司。企业有百余项新产品通过省级新产品鉴定，其中 5 项新产品填补国际空白、3 项达到国际领先水平，63 项新产品填补国内空白，47 项新产品、新技术成功申请国家专利，5 项新产品被列入国家级重点新产品试产计划，7 项新产品获山东省科学技术奖二等奖，5 项新产品获山东省科学技术奖三等奖，是名副其实的中国新型纤维纱线研发、创新、生产的领军企业。

企业的困扰来自一种上游材料供应商的成功——奥地利兰精公司开发出的莫代尔纤维具有良好的吸水与透气性,将天然纤维的豪华质感与合成纤维的实用性完美地结合在了一起,但最为关键的是兰精公司通过与下游终端市场的联合品牌策划,成功地做到了"Modal Inside",成为终端消费者追捧的品牌。兰精公司不仅获得了该类纤维产品绝对的市场垄断地位,同时也拥有了在整个供应链上的定价权,即由兰精公司决定纱线、织造、服装等整个纤维应用供应链的供给配额与价格。

我们的委托企业处于供应链的中游,受到上、下游两端挤压。如何摆脱现有困境?作为致力于成长为市场领导者的创新型企业,又如何借鉴莫代尔纤维的巨大成功经验?

带着这些问题,管理顾问走进了这家处在成长焦虑中的企业。

3. 诊断过程与诊断结论(企业调查—模型分析—问题确认)

企业遇到的问题表面看和市场营销有关系,但到底是市场策略还是产品内涵出了问题,需要进一步深入的诊断。对于研发创新型企业,我们选择创新研发成熟度评估,结果如附图1所示。

序号	类目	实际分值	分值比例/%
1	产品与服务规划	2	20
2	同步化开发组织架构	5	50
3	项目管理成熟度	8	80
4	关键客户要求识别	3	30
5	创新管理	10	100
6	研发过程风险识别与控制	4	80
7	DFX设计优化	6	40
8	工艺设计与验证	9	60
9	实验与测试管理	9	90
10	定型评价与生产准备	5	100
	评估结果	61	

附图1 企业创新研发成熟度评估结果

其中,企业比较明显的短板是产品的规划与关键客户需求的识别,而这两个方面的共性就是企业对顾客需求并不十分了解,尤其是对终端消费者需求知之甚少。这个短板在传统商业语境下似乎可以理解——作为供应链的中游企业,直接客户为织造厂,其与终端消费者还有较远的距离。管理顾问认为,必须使企业认识到,其所开发的纱线产品无论经过多少环节、经历多少物理改变,最终都将深刻地影响消费者体验。所以,深入了解顾客的需求,并形成相关的顾客需求发现、认知机制,以服务于产品规划、研发策划甚至相关的市场策略与品牌策略的制订,是委托企业必修的一门关键功课。

这里提到的顾客需求识别和分析,需要从广度和深度两个方面来理解。广度意味着顾客类型的延伸,直接顾客与终端顾客都需要涉及;同时,对于顾客需求而言,也决不仅限于狭义的功能性诉求,需要从适用性、响应性、可靠性、有形性、保证性以及移情性等多个方面予以关注,是兼顾产品与服务的全方位的综合体验。对于深度而言,需要考虑满足不同层次的顾客需求与企业竞争力之间的关系，资格要素型的需求对顾客抱怨度影响较大，并可产生重大的质量应急公关事件；竞争要素型需求关系到产品的卖点，影响与竞争对手的对标分析，对销售与市场份额形成直接的影响；品牌要素型的需求是品牌价值点的内涵，对品牌策划与品牌价值带来深远的影响。

委托企业目前的短板具有很好的代表性，国内绝大多数的创新型企业致力于转型升级的时候大都遇到过这个问题，很多落入只见开花不见结果的陷阱。

4. 解决方案设计与指导实施

从委托企业的问题出发，我们选择了以狩野模式（KANO 模型）为内核的调研与分析技术，主要架构逻辑如附图 2 所示。

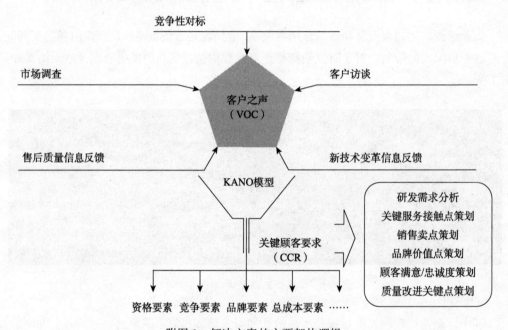

附图 2　解决方案的主要架构逻辑

经过与委托企业的深入交流，选取了保暖发热变性腈纶系列纱线产品作为直接客户（下游的织造厂）需求分析的试点产品，以该纱线为主制成的保暖内衣则作为终端客户需求分析的主体，如附图 3 所示。

1）直接客户的需求分析汇总

（1）直接客户需求（采购职能）如附图 4 所示。

（2）直接客户需求（生产职能）如附图 5 所示。

直接客户需求分析结论：直接客户期望型需求包括"双抗、大货旺季交期、样品交期"等，需要和竞争对手进行对标，不能低于竞争对手的水平；同时，"断头、条干 CV 值、售后问题响应、重量偏差与发热方式"等当然型需求客户零容忍，避免客户投诉需要关注这

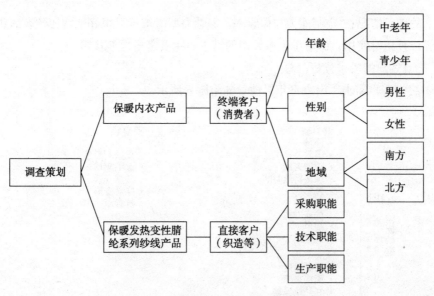

附图 3 需求分析调查方案示意图

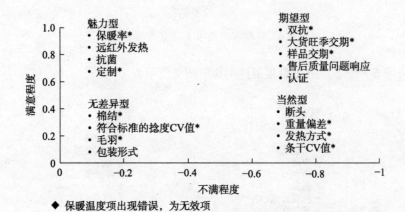

◆ 保暖温度项出现错误，为无效项

附图 4 直接客户需求（采购职能）

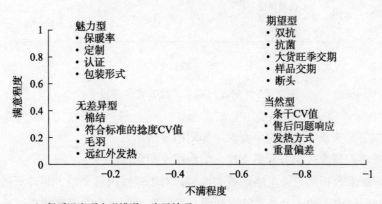

◆ 保暖温度项出现错误，为无效项

附图 5 直接客户需求（生产职能）

附录 管理咨询实战案例——山东某纺织集团公司如何实现突破转型

几个需求的满足情况;"定制能力与保暖率"等魅力型需求可以很好地增加顾客满意度,可用于新客户开拓时使用;而对于无差异型的需求可主要考虑控制成本。

2)终端客户的需求分析汇总

(1)终端客户需求(南方青年男性)如附图6所示。

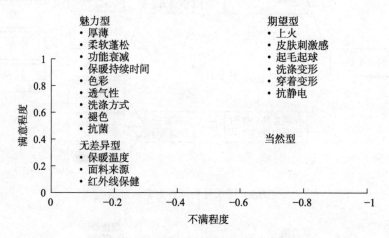

附图6 终端客户需求(南方青年男性)

(2)终端客户需求(北方青年男性)如附图7所示。

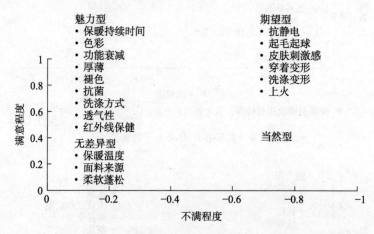

附图7 终端客户需求(北方青年男性)

(3)终端客户需求(北方青年女性)如附图8所示。

(4)终端客户需求(南方青年女性)如附图9所示。

终端客户需求分析结论:忽略地域和性别,对于保暖内衣来说,穿着舒适性、便于维护,以及不变形等内衣的竞争要素特点鲜明;品牌要素则集中在保暖效果、透气性等功能性诉求上。需要注意的是,当然型所对应的资格要素缺失,有些目标市场甚至没有无差异型；而且无效型较多，说明该品类属于新兴品类，市场认知度不高，目标顾客对于该品类尚不了解，需要更多的市场培育。

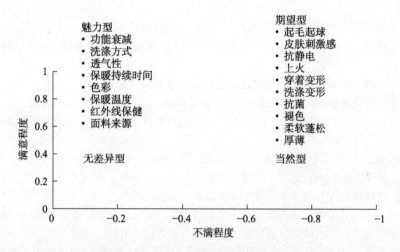

附图8　终端客户需求（北方青年女性）

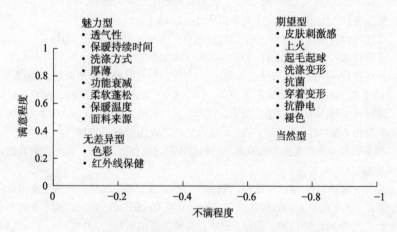

附图9　终端客户需求（南方青年女性）

5. 咨询效果评价及咨询后随访

为委托企业策划此项目的目的是转变企业核心骨干的顾客意识，并通过一个新品类的调研试点实践掌握关键顾客需求分析的基本流程与技能。项目取得了预期的效果。同时，在实际调研分析形成的结论中，发现了很多大家忽略了的顾客需求，并根据分析结论形成了针对不同层次需求的应对策略，经过事后一个季度的跟踪随访，顾客抱怨度同比降低了80%，而满意度则提升了50%，这无疑进一步坚定了企业向以顾客为中心组织的经营模式转型的信心。

参 考 文 献

[1] 申静，毕煜，云梦妍. 管理咨询公司的开放式创新组织模式[J]. 技术经济，2019，38（1）：56-62，128.

[2] 张艳艳，满毅. 中国管理咨询机构发展现状[J]. 企业管理，2020（3）：22-26.

[3] 闫长坡. 中国管理咨询业发展趋势分析[J]. 企业管理，2020（1）：115-118.

[4] 申静，张璐，王照寒. 管理咨询的服务方式及影响因素研究[J]. 情报理论与实践，2018，41（4）：44-49.

[5] 李瑞环. 学哲学 用哲学[M]. 北京：中国人民大学出版社，2005.

[6] 李瑞环. 辩证法随谈[M]. 北京：中国人民大学出版社，2007.

[7] 孙新波. 管理哲学[M]. 北京：机械工业出版社，2018.

[8] 《中共中央关于全面深化改革若干重大问题的决定》辅导读本编写组.《中共中央关于全面深化改革若干重大问题的决定》辅导读本[M]. 北京：人民出版社，2013.

[9] 肯尼斯·霍博，威廉·霍博. 清教徒的礼物[M]. 丁丹，译. 北京：东方出版社，2013.

[10] 孙武. 孙子兵法[M]. 臧宪柱，译. 北京：北京联合出版公司，2015.

[11] 丁栋虹. 管理咨询[M]. 北京：清华大学出版社，2013.

[12] 孙连才. 管理咨询经典工具与模型精选[M]. 北京：清华大学出版社，2014.

[13] 程淑丽. 客户管理咨询工具箱[M]. 北京：人民邮电出版社，2010.

[14] 马广林. 管理咨询——原理、方法、专题[M]. 大连：东北财经大学出版社，2012.

[15] 拉塞尔，弗里嘉. 麦肯锡意识[M]. 龚华燕，译. 北京：机械工业出版社，2013.

[16] 弗里嘉. 麦肯锡工具[M]. 赵银德，季莹，译. 北京：机械工业出版社，2014.

[17] 拉塞尔. 麦肯锡方法[M]. 张薇薇，译. 北京：机械工业出版社，2014.

[18] 沃麦克，琼斯，鲁斯. 改变世界的机器——精益生产之道[M]. 余锋，张冬，陶建刚，译. 北京：机械工业出版社，2017.

[19] 沃麦克，琼斯. 精益思想[M]. 沈希瑾，张文杰，李京生，译. 北京：机械工业出版社，2018.

[20] 简祯富. 工业3.5 台湾企业迈向智慧制造与数位决策的战略[M]. 台北：天下杂志出版社，2019.

[21] 李杰. 工业大数据[M]. 邱伯华，等译. 北京：机械工业出版社，2015.

[22] 安德森. 创客：新工业革命[M]. 萧潇，译. 北京：中信出版社，2012.

[23] 全国管理咨询师考试教材编写委员会. 企业管理咨询实务与案例分析[M]. 北京：企业管理出版社，2014.

[24] 广东省企业管理现代化成果评审委员会，广东省企业联合会. 广东省企业管理现代化实践2019[M]. 广州：华南理工大学出版社，2019.

致　　谢

感谢 IBM 全球企业服务部高级咨询师黄红卫先生,黄顾问对 IBM 服务华为的案例进行了权威解读,并在百忙中专程到学校协助拍摄、录制课程视频。本书全文收录了黄顾问的案例解读。

感谢广东高胜管理咨询有限公司总经理丁佰胜先生协助拍摄、录制视频课程。丁总曾是某制造企业总经理,在经理人职场上颇为成功,却选择急流勇退,在管理咨询业创业成功。丁总在慕课中的即席问答,凸显其对管理咨询业的深刻认识,本书收录了作者与丁总的多段问答。

感谢北京中联创质管理咨询有限公司总经理杨振宇先生提供管理咨询案例剖析的在线报告,本书也将该案例收录进来以飨读者。

感谢本书提及或未提及的众多咨询公司和被咨询企业对管理教育教学工作的支持,来自这些企业的管理咨询案例使本书接了"地气",从而有了"灵气",这是仍然处于校园围墙内的学生们的"福气"。

本书在编著过程中,参考了许多学者和业者公开出版或公开发表的论著,作者已尽力标注或列入参考文献,在此向本领域的先行者致敬、致谢。由于写作中的疏忽,一些文献仍有可能未被提及,在此致歉、致谢。如有冒犯,请尽快联系本书作者,以便在下一版补正。

感谢首都经贸大学王永贵教授等工商管理领域的学界大家对本课程提升质量给予的宝贵意见,以及对本书出版给予的重要支持。

感谢暨南大学教务处、暨南大学智能科学与工程学院对本书出版予以资助。

感谢暨南大学珠海校区现代教育技术中心赖利旗工程师进行课程音频到教材文字的转换,使本书有了一个基本的框架。

感谢暨南大学国际商学院苏晓艳副教授、詹小慧博士,珠海校区现代教育技术中心赖利旗工程师对《管理咨询》MOOC、SPOC 等教学改革、教学创新、教学维护的积极参与和贡献,本书中的部分内容来源于教学团队的集体智慧;原暨南大学珠海校区现代教育技术中心主任戴红副教授对视频课程的拍摄给予了有力支持,暨南大学管理学院本科教学管理办公室、暨南大学国际商学院等教学单位对本课程进行大小班、跨校区班、跨专业班、跨语言班、跨年级班的教学实验给予了有力支持,这些支持促使本书在撰写中考虑了不同读者对象的阅读或学习需求。

感谢暨南大学翻译学院陈毅平教授、赵友斌教授、Paul Coles 老师将本课程的字幕翻译成英文,极大地便利了以英语为学习语言的学习者,也为本课程上线"爱课程"国际版、"学堂在线"国际版创造了条件。特别欣赏陈毅平教授的跨专业翻译能力,这个能力早在他翻译马提亚斯教授的生产负荷控制著作、哈伯德和凯恩的国际关系著作中已经凸显出来了。本书如果有机会面向海外读者出版，陈教授将是首选的翻译大师。

感谢暨南大学网络技术中心、暨南大学珠海校区、暨南大学国际商学院、上海微课有限公司、中国大学 MOOC 平台、学堂在线平台对《管理咨询》慕课制作和连续上线服务提供支持。本书的出版将补上这门慕课长期以来存在的短板——这个短板是上述支持单位一直以来都要求作者去弥补的。

研究生王丹对本书中的部分图表进行了重绘，在此示谢。

最后，让我感谢本书的读者，来自你们的阅读体验将是本书不断完善的不竭动力。

教师服务

感谢您选用清华大学出版社的教材！为了更好地服务教学，我们为授课教师提供本书的教学辅助资源，以及本学科重点教材信息。请您扫码获取。

❯❯ 教辅获取

本书教辅资源，授课教师扫码获取

❯❯ 样书赠送

企业管理类重点教材，教师扫码获取样书

 清华大学出版社

E-mail：tupfuwu@163.com
电话：010-83470332 / 83470142
地址：北京市海淀区双清路学研大厦 B 座 509

网址：https://www.tup.com.cn/
传真：8610-83470107
邮编：100084